Vorüberlegungen

Reise-Ideen

Reisevorbereitung

Bedenken

Rückkehr

Anhang

Reise Know-How im Internet

Aktuelle Reisetipps und Neuigkeiten
Ergänzungen nach Redaktionsschluss
Büchershop und Sonderangebote

www.reise-know-how.de
info@reise-know-how.de

Wir freuen uns über Anregung und Kritik.

Reise Know-How

Andrea Buchspieß

Langzeitreisen – Auslandsaufenthalte gekonnt organisieren

„Wege entstehen dadurch, dass man sie geht.“
Franz Kafka

Impressum

Andrea Buchspieß
Langzeitreisen – Auslandsaufenthalte gekonnt organisieren
erschienen im
REISE KNOW-HOW Verlag Peter Rump GmbH, Bielefeld
Osnabrücker Straße 79, 33649 Bielefeld

Herausgeber: Klaus Werner

1. Auflage 2007

Gestaltung
Umschlag: G. Pawlak, P. Rump (Layout), K. Werner (Realisierung)
Inhalt: G. Pawlak (Layout), A. Medvedev (Realisierung)
Fotos: siehe Bildverzeichnis S. 159

Druck und Bindung
J. P. Himmer GmbH & Co. KG, Augsburg

ISBN 978-3-8317-1595-4
Printed in Germany

Dieses Buch ist erhältlich in jeder Buchhandlung Deutschlands, Österreichs, der Schweiz, Belgiens und der Niederlande. Bitte informieren Sie Ihren Buchhändler über folgende Bezugsadressen:

Deutschland
Prolit GmbH, Postfach 9, D-35461 Fernwald (Annerod)
sowie alle Barsortimente
Schweiz
AVA-buch 2000, Postfach 27, CH-8910 Affoltern
Österreich
Mohr Morawa Buchvertrieb GmbH
Sulzengasse 2, A-1230 Wien
Niederlande, Belgien
Willems Adventure
Postbus 403, NL-3140 AK Maassluis

Wer im Buchhandel trotzdem kein Glück hat, bekommt unsere Bücher auch in unserem **Büchershop im Internet: www.reise-know-how.de**

Wir freuen uns über Kritik, Kommentare und Verbesserungsvorschläge.

Alle Informationen in diesem Buch sind von der Autorin mit größter Sorgfalt gesammelt und vom Lektorat des Verlages gewissenhaft bearbeitet und überprüft worden.

Da inhaltliche und sachliche Fehler nicht ausgeschlossen werden können, erklärt der Verlag, dass alle Angaben im Sinne der Produkthaftung ohne Garantie erfolgen und dass Verlag wie Autorin keinerlei Verantwortung und Haftung für inhaltliche und sachliche Fehler übernehmen.

Die Nennung von Firmen und ihren Produkten und ihre Reihenfolge sind als Beispiel ohne Wertung gegenüber anderen anzusehen. Qualitäts- und Quantitätsangaben sind rein subjektive Einschätzungen der Autorin und dienen keinesfalls der Bewertung von Firmen oder Produkten.

Andrea Buchspieß

Langzeitreisen –

Auslandsaufenthalte gekonnt organisieren

Inhalt

0391r Abb.: av

Vorwort

Vielleicht steht am Anfang der Gedankenkette der Wunsch nach einem längeren Auslandsaufenthalt, weil man gerne Auslandserfahrung sammeln möchte oder eine Sprache intensiv lernen will. Vielleicht ist auch zuerst das noch recht unkonkrete Bedürfnis nach einer Auszeit vom Job da, die man ja auch im Ausland verbringen könnte. Oder man verspürt das Verlangen, mal etwas ganz anderes zu tun: Menschen zu helfen, die Umwelt zu schützen oder das große Abenteuer zu suchen.

Doch was bieten sich einem konkret für Möglichkeiten im Ausland, was muss man alles bedenken, worauf besonders achten, an wen kann man sich wenden? Egal mit welchem Wunschgedanken alles begann, ein Auslandsaufenthalt wirft im Vorfeld etliche Fragen auf.

Dieses Buch soll dabei helfen, den Auslandsaufenthalt gedanklich entspannt vorzubereiten und praktisch gut zu organisieren. Neben Hinweisen zur Auszeit- und Reiseplanung werden verschiedene Reise-Ideen vorgestellt, Fragen zur sozialen Absicherung geklärt und konkrete Tipps zur Reisevorbereitung aufgezählt. Auch gibt es Anregungen für einen guten Start im Ausland, werden mögliche Bedenken aus dem Weg geräumt und Hinweise zum erfolgreichen Wiedereinstieg gegeben. Natürlich befindet sich jeder in einer etwas anderen persönlichen Situation, muss sich daher individuell auf den Auslandsaufenthalt vorbereiten und hat spezielle Probleme und Fragen. Dieses Buch wird deshalb nicht auf alle Fragen eine Antwort geben können – dafür aber Denkanstöße und viele Hinweise, Adressen und Links zu wichtigen Anlaufstellen und Ansprechpartnern.

Derartig vorbereitet sollte einer Auszeit im Ausland nichts mehr im Wege stehen, sind Tür und

Tor offen für neue Erfahrungen, Interessen und Fähigkeiten und die persönliche Weiterentwicklung. Vielleicht bringt die Auszeit nicht für jeden gleich eine neue Lebensperspektive - aber definitiv eine Horizonterweiterung.

Ich hoffe, dieses Buch kann Ihnen ein bisschen dabei helfen, Ihren Traum vom Auslandsaufenthalt zu verwirklichen.

Viel Spaß bei dessen Erfüllung wünscht
Andrea Buchspieß

Danksagung

Ganz besonders bedanken möchte ich mich für die Bereitstellung von Fotomaterial bei Alexandra Albert von Pan Pazifik (www.panpazifik.de), André de Vries, Heike Becker, Johanna Kommer, Nicole Petermann, Norbert Romahn vom sehr unterstützenswerten Verein „Lachende Kinder in Nepal" (www.kinder-nepal.org) und Robert Baum.

002lr Abb.: av

Vorüberlegungen

Richtig entscheiden

Der Job ist schon seit einiger Zeit zu stressig, die Verpflichtungen sind manchmal einfach zu viel und was richtig Aufregendes und Neues ist auch schon seit Langem nicht mehr passiert? Gerade in solchen Phasen tritt verstärkt die Sehnsucht nach einem Auslandsaufenthalt zutage. Wie gern würde man sich eine **Auszeit vom Alltag** nehmen und an schönen, fernen Orten dieser Welt endlich seine Sprachkenntnisse vertiefen, in eine fremde Kultur eintauchen, eine neue Tätigkeit ausprobieren oder einfach mal die Seele baumeln lassen. Egal ob Weltreise oder Praktikum, Volunteering oder Sprachkurs: Die Verlockung ist groß, für einige Monate der Heimat den Rücken zu kehren und im Ausland seinen Horizont zu erweitern.

Groß sind allerdings meist auch die **Bedenken,** die sich unter die vorfreudigen Gedanken mischen. Fragen nach der Absicherung im sozialen Netz werden laut, genauso wie nach der Vereinbarkeit eines Auslandsaufenthaltes mit der Lebens- und Karriereplanung. Gerade in der heutigen Zeit muss man sich zweimal überlegen, ob man seinen Job aufs Spiel setzen will. Doch das Sabbatjahr wird salonfähig. Immer mehr Firmen bieten ihren Mitarbeitern die Chance auf Langzeiturlaub, auch Prominente erzählen medienwirksam von ihrer Auszeit und Rückkehrer berichten von ihren positiven Erfahrungen – auch beim Wiedereinstieg.

Wichtig ist, dass man die Auszeit selbst unbedingt will und nicht nur darüber nachdenkt, weil es vielleicht gerade „in" ist und es jeder zu tun scheint. Kann man den Wunsch nach einem längeren Auslandsaufenthalt vor sich selbst rechtfertigen und ohne Wenn und Aber hinter der eigenen Entscheidung stehen, lässt es sich auch viel besser gegenüber dem Familien- und Bekanntenkreis und dem Arbeitgeber argumentieren. Schließlich beweist man mit einer solchen Auszeit **Mut zu Neuem** - anderen und vor allem sich selbst gegenüber. Und das ist besser als ein lückenloser Lebenslauf. Wenn man sich nach der Rückkehr geschickt verkauft, kann der Auslandsaufenthalt durch die persönliche Weiterentwicklung, die gemachten Erfahrungen und die getankte Energie sogar Pluspunkte bei der Bewerbung und beim Wiedereinstieg bringen. Vielleicht sieht die Jobsituation im eigenen Bereich nach der Rückkehr sogar besser aus als momentan oder man kann sich mit neu erworbenen Fähigkeiten einem ganz anderen Berufsfeld zuwenden?

Entscheidungshilfen

- *Viel Recherchieren. Wer rechtzeitig und in aller Ruhe Informationen einholt, kann am besten Pro und Kontra abwägen.*
- *Mit Gleichgesinnten im Freundeskreis, in Internetforen und bei Informationsveranstaltungen sprechen. Am besten mit Leuten, die einen solchen Schritt schon gewagt haben, ihre Erfahrungen weitergeben und Mut machen können.*
- *Die Thematik eventuell auch mit einem Coach besprechen und eine professionelle Karriereberatung in Anspruch nehmen.*
- *Vorher ausprobieren, ob man an den geplanten Dingen Spaß haben wird, z. B. schon zu Hause einen Sprachkurs belegen oder mal für ein Wochenende Freiwilligenarbeit leisten.*
- *Reiseführer lesen, Bildbände, Videos und Fernsehdokumentationen anschauen und träumen. All das könnte man bald mit eigenen Augen sehen.*
- *Ziele für die Sabbaticalzeit konkret aufschreiben - so sieht man klarer.*
- *Gibt es wirklich wichtige Gründe, die gegen einen Ausstieg sprechen? Können diese Gründe beseitigt werden? Wäre ein späterer Zeitpunkt tatsächlich besser?*
- *Alle Gründe aufschreiben, die für den Auslandsaufenthalt sprechen! Und vor allem immer daran denken, was einem gut tut.*
- *Wer will sich später sagen müssen: Hätte ich nur ...?*

Es ist gut, wenn man sich die Entscheidung nicht leicht macht und in aller Ruhe **Pro und Kontra** abwägt. Den erhofften positiven Erfahrungen stehen natürlich Kosten, Verantwortlichkeiten und Bedenken gegenüber. Doch wer sich den Bedenken produktiv stellt, ist auf dem richtigen Weg und bereits mitten in einer guten Vorbereitung. Die im Exkurs (s. S. 13) aufgeführten Punkte sollen bei der Entscheidungsfindung helfen.

Richtiger Zeitpunkt und richtige Dauer

Wann ist der richtige Zeitpunkt?

Man wird es schon instinktiv merken, wenn die Zeit reif ist. Manche planen vielleicht jahrelang auf einen Ausstieg hin, andere entscheiden sich aufgrund einer **Veränderung in der Lebenssituation** ganz spontan. Für viele Menschen ist der Abschluss eines Lebensabschnitts ein guter Grund und Zeitpunkt. Das kann die persönliche Situation betreffen (Ende einer Beziehung, Auszug der Kinder) oder die finanzielle (Kredit oder BAföG abbezahlt, Geld geerbt oder gewonnen). Auch eine angestrebte berufliche Neuorientierung bietet eine gute Möglichkeit, einen längeren Auslandsaufenthalt dazwischenzuschieben.

▼ *Wer sich mit der Reiseplanung intensiv beschäftigt, ist auf dem richtigen Weg*

Wer in einem Arbeitsverhältnis steht und dieses nach der Auszeit fortführen möchte, sollte sich auch an den Gegebenheiten in seinem Unternehmen orientieren und sich bezüglich des Beginns und der Dauer der gewünschten Auszeit kompromissbereit zeigen.

Wie lange soll der Auslandsaufenthalt dauern?

Natürlich am besten so lange wie möglich! Nach Hause geht es noch früh genug. Um auf diese Frage eine gute Antwort zu finden, muss man sich seine persönlichen Voraussetzungen genau anschauen. Die finanzielle Situation, private und berufliche Verpflichtungen und die Frage, wie weit man sich vom normalen Alltag abkapseln kann oder will, spielen eine Rolle.

Wenn man seinen gesamten Jahresurlaub anspart, über den Jahreswechsel reist und dann auch gleich noch Urlaub aus dem neuen Jahr nimmt, können **drei bis vier Monate** Reisezeit am Stück zusammenkommen. Reisen bis etwa drei Monate Dauer lassen sich noch relativ einfach organisieren, ohne den normalen Alltag und die Lebensplanung groß durcheinanderzubringen. Allerdings bleiben dann während der Reisezeit die üblichen Kosten zu Hause zum großen Teil bestehen (während einige Hauptreisekosten wie beispielsweise die Ausgaben für den Flug die gleichen sind wie bei einer noch längeren Reise).

Eine **einjährige Reise** ist über die normale Urlaubsregelung nicht zu realisieren. Sie greift daher auch viel deutlicher in den normalen Lebensrhythmus ein und bedarf einer intensiveren Vorbereitung. Man kann bei einer solch langen Abwesenheit aber die laufenden Kosten zu Hause auf ein Minimum reduzieren und zahlt für das Jahr im Ausland am Ende vielleicht sogar noch weniger, als ein Jahr zu Hause kostet.

Allein, zu zweit, mit Familie oder in der Gruppe?

024lr Abb.: np

▲ *Wer allein reist, muss wenig Kompromisse eingehen*

Allein

Uneingeschränkte Freiheit und Entscheidungen ohne Kompromisse sind **Vorteile,** die man hat, wenn man allein unterwegs ist. Die Erfahrung, allein zurechtzukommen, ist persönlich sehr wertvoll und bringt vielleicht sogar noch interessante Erkenntnisse über einen selbst ans Tageslicht.

Und wenn man allein zu einer Reise aufbricht, muss man noch lange nicht allein bleiben. Wer unterwegs einen Reisepartner sucht, um sich über Reiseeindrücke auszutauschen oder einen Abschnitt gemeinsam zu reisen, wird garantiert fündig. Gerade wenn man allein unterwegs ist, lernt man sehr schnell Leute kennen. Und wer sich darauf nicht verlassen will, kann auch in entsprechenden Foren nach Reisepartnern suchen. Die neuen **Freundschaften,** die aus solchen Reisebekanntschaften entstehen können, sind eine Bereicherung und einer der schönsten Gründe zum Reisen.

Mit Partner

Wer sich entschließt mit dem Partner (das kann auch ein guter Freund oder eine gute Freundin sein) zu reisen, wird nach der Reise sicherlich einige Fragen zur **Tauglichkeit der Beziehung** bzw. Freundschaft beantworten können. Denn die Reise mit einem Partner ist ein mindestens genauso großes

Wagnis, wie allein unterwegs zu sein. Schon bei der Planung sollte man mit dem Reisepartner sehr ausführlich über Wünsche, Erwartungen und Ziele der Reise sprechen, damit es dann vor Ort leichter ist, auf den anderen einzugehen und gemeinsame Entscheidungen zu treffen.

Die Erfahrung einer gemeinsamen Reise kann einem den Partner zweifelsfrei näher und die Beziehung weiter bringen, aber es kann auch schwierig werden und zu Streit und Stress kommen. Deshalb sollte man vor der Reise beispielsweise auch schon über das Thema **Finanzen** sprechen, die Budgetplanung in Ruhe zusammen durchgehen und auch überlegen, ob man gemeinsam ein Konto nutzen will. In dem Fall ist es ratsam, dass jeder auch eigenes „Taschengeld" hat, falls man sich über Ausgaben mal nicht einigen kann. Wichtig ist auch, dass im Notfall jeder auf Geld zugreifen kann, z. B. wenn man getrennt weiterreisen möchte.

Die ganze Zeit gemeinsam zu verbringen, ist für die meisten eine große Umstellung und erfordert Gewöhnung. Deshalb sollte man nach Möglichkeit auch getrennt voneinander Zeit verbringen. Dann hat man sich gegenseitig auch wieder Neues zu erzählen und in der Zeit allein kann man in Ruhe über die eigenen Bedürfnisse und Wünsche nachdenken bzw. ihnen nachgehen.

Reisepartner finden

- *www.reisepartner.org*
- *www.weltreise-forum.info*
- *www.forumandersreisen.de*
- *www.statravel.de*

Literaturtipp

„Als Frau allein unterwegs" von Birgit Adam, Reise Know-How Verlag, Bielefeld. Passende Urlaubsarten, Reisepartnersuche, Ferienflirts und Urlaubsblues, Fettnäpfchen, Schutz vor Kriminalität etc.

Mit Kindern

Ein längerer Auslandsaufenthalt ist grundsätzlich auch mit Kindern möglich, sollte aber sehr gut überlegt und geplant werden. Hier spielt das **Alter der Kinder** eine große Rolle. Sind sie erst einmal eingeschult, wird es schwierig, da man sie aus der Schule nehmen muss. Später hat dann auch der Kontakt zum Freundeskreis für sie eine größere Bedeutung, sodass man die Reise am besten durchführt, wenn die Kinder noch klein sind.

Wer mit Kindern im schulpflichtigen Alter reist, muss für ihren Unterricht eine Lösung finden. Eine gute Möglichkeit sind ↗Fernschulen. Das Auswärtige Amt empfiehlt deutschen Familien im Ausland (soweit vor Ort keine deutsche Auslandsschule vorhanden ist) für Schüler bis zur 4. Klasse die Deutsche Fernschule in Wetzlar und für Schüler bis zur 10. Klasse das Institut für Lernsysteme (ILS) in Hamburg. Die Fernlehrgänge sind staatlich zugelassen und entsprechen den Anforderungen deutscher Lehrpläne.

Die ↗Zentralstelle für das **Auslandsschulwesen** des Bundesverwaltungsamts klärt weitere Fragen zur Thematik Fernschule und informiert über deutsche Schulen im Ausland. Normalerweise wird an diesen Schulen kein oder nur wenig Schulgeld fällig. Ansonsten können auch Stipendien beantragt werden. Erworbene Schulleistungen werden zu Hause anerkannt.

Fernschulen

- *Staatliche Zentralstelle für Fernunterricht, www.zfu.de*
- *Deutsche Fernschule, www.deutsche-fernschule.de*
- *Institut für Lernsysteme, www.ils.de*

Zentralstelle für das Auslandsschulwesen

- *Bundesverwaltungsamt, 50728 Köln, zfa@bva.bund.de, www.bva.bund.de/auslandsschulwesen*
- *Bildungsserver „DASAN - Deutsche Auslandsschularbeit am Netz“, www1.dasan.de*

Mit einer Organisation

Wer nicht alleine reisen möchte und im Freundes- oder Familienkreis keine Reisepartner findet, kann sich an eine der zahlreichen Organisationen wenden, die **Auslandsprogramme** anbieten. Das können Sprachreisen, organisierte Rundreisen, Freiwilligendienste oder Homestay-Programme sein (Näheres dazu im Kapitel „Reise-Ideen“ S. 40). Oft reist man dann bereits ab Deutschland gemeinsam mit der Gruppe

Kindergeld

Während des Auslandsaufenthaltes kann weiterhin Kindergeld bezogen werden. Es gilt: Solange man in Deutschland einen Wohnsitz oder seinen gewöhnlichen Aufenthalt hat oder im Ausland wohnt, aber in Deutschland entweder unbeschränkt einkommensteuerpflichtig ist oder entsprechend behandelt wird, erhält man nach dem Einkommensteuergesetz Kindergeld.

Ausführliche Informationen zum Kindergeld gibt es auf der Website des Bundesamts für zentrale Dienste und offene Vermögensfragen:

- *www.dz-portal.de → Kindergeld*

und hat auch während des Aufenthaltes (wenn gewünscht) viel Kontakt mit den anderen Programmteilnehmern. Außerdem vermittelt die Teilnahme an einem organisierten Programm eine gewisse Sicherheit. Wenn Fragen und Probleme auftauchen, hat man in der Regel einen Ansprechpartner (meist sogar vor Ort), an den man sich wenden kann.

Kündigung oder Freistellung?

Der Begriff **Sabbatical** (oder auch Sabbatjahr) ist mittlerweile in aller Munde. Er steht für eine Auszeit vom Job, während der man z. B. reisen oder sich weiterbilden kann.

In einigen Ländern wie beispielsweise Dänemark, den Niederlanden oder Frankreich wird das Sabbatical vom Staat gefördert. Leider gibt es in Deutschland (noch) keinen rechtlichen Anspruch darauf.

In etlichen großen Firmen sind Sabbaticalangebote – zur Mitarbeitermotivation, für das Firmenimage oder zum Ausgleich von Konjunkturschwankungen – heutzutage jedoch schon üblich. Einige Ratgeber zur Auszeitthematik weisen sogar darauf hin, dass der Trend wieder in Richtung Firmentreue und **Mitarbeiterbindung** geht und Firmen verstärkt versuchen, durch solche Sabbaticalangebote gute Mitarbeiter im Unternehmen zu halten.

Vielleicht fühlt man sich nur leider nicht wie die unersetzliche Topkraft, für die ein Jahr lang der Arbeitsplatz freigehalten wird. Und so kann man sich natürlich die Frage stellen, ob es in der heutigen Zeit nicht geradezu unverantwortlich ist, einen einigermaßen guten Job aufzugeben. Aber wenn man sich nicht von seinen beruflichen Verpflichtungen löst, dann kann man auch keine Auszeit im Ausland verbringen. So einfach ist das!

Bevor man jedoch vom Fernweh geplagt gleich ein Kündigungsschreiben verfasst, sollte man sich im eigenen Unternehmen erst mal erkundigen, ob es vielleicht noch andere Möglichkeiten als eine Kündigung gibt.

Teilzeitgesetz, Flexi-Gesetz und Langzeitkonten

Die deutsche Regierung hat 2001 mit dem Teilzeit- und Befristungsgesetz für Arbeitnehmer einen grundsätzlichen Anspruch auf Teilzeitarbeit geschaffen. Das ↗**Bundesministerium für Arbeit und Soziales** stellt auf seiner Website sieben verschiedene Teilzeitmodelle vor. Das Modell „Teilzeit Invest“ eröffnet die Chance auf mehrmonatige Urlaubsphasen oder Sabbaticals. Langzeitkonten bieten den Arbeitnehmern die

Bundesministerium für Arbeit und Soziales

Das Ministerium liefert aktuelle Informationen zu sozialrechtlichen Fragen das Sabbatical betreffend, zum Flexi-Gesetz und zu Arbeitszeitkonten.

- *www.bmas.bund.de*

Mit den rechtlichen Rahmenbedingungen des Teilzeitgesetzes beschäftigt sich die Broschüre „Teilzeit – Alles, was Recht ist“.

- *www.teilzeit-info.de*

Möglichkeit, Arbeitszeit über einen längeren Zeitraum anzusparen. Vereinfacht gesagt arbeitet man bis zur Auszeit für ein geringeres Gehalt, dass man dann aber auch während der Auszeit weitergezahlt bekommt. Man vereinbart mit seinem Arbeitgeber für einen vertraglich festgelegten Zeitraum einen Teilzeitarbeitsvertrag mit entsprechend reduziertem Gehalt. Da man aber die volle Stundenzahl weiterarbeitet, spart man so Arbeitszeit an, die während der folgenden Auszeit in Anspruch genommen wird – bei Weiterzahlung des Teilzeitgehaltes.

Seit das **Gesetz zur sozialrechtlichen Absicherung flexibler Arbeitszeitregelungen (Flexi-Gesetz)** 1998 in Deutschland in Kraft getreten ist, wird nun ausdrücklich geregelt, dass der Arbeitnehmer über die gesamte Zeit der Mobilzeitvereinbarung hinweg versicherungspflichtig ist und damit auch Versicherungsschutz genießt.

Da die sozialversicherungsrechtlichen und auch die steuerlichen Fragen rund um Langzeitreisen ziemlich komplex sind, ist eine vorherige **Beratung mit den Sozialversicherungsträgern** (Krankenkasse, Rentenversicherung), dem Finanzamt oder dem Steuerberater sehr zu empfehlen.

Sind solche Sabbaticalregelungen noch nicht im Arbeitsvertrag festgehalten, sollte man das Nachfragen nicht scheuen. Allerdings beruhen die Auszeiten immer auf einer freiwilligen Vereinbarung zwischen Arbeitgeber und Arbeitnehmer.

Voraussetzungen für das Flexi-Gesetz (ArbZAbsichG)

Durch das Gesetz (s. SGB IV, § 7) besteht während der bezahlten Auszeit der Schutz der Renten-, Kranken-, Pflege- und Arbeitslosenversicherung. Allerdings gilt das nur unter bestimmten Voraussetzungen:

- *Die in der Freistellungsphase nicht erbrachte Arbeitsleistung muss in der vorhergehenden oder nachfolgenden Arbeitsphase erbracht werden.*
- *Die Vereinbarung muss schriftlich erfolgen.*
- *Das während der Freistellung fällige Arbeitsentgelt darf nicht unangemessen vom Arbeitsentgelt der letzten 12 Kalendermonate vor Beginn der Freistellung abweichen und muss 400 € übersteigen.*

Das Gespräch mit dem Arbeitgeber

Der Chef kann also bei der Frage nach einem Sabbatical „Nein" sagen – aber genauso gut kann er auch zustimmen. Rein rechnerisch stehen die Chancen fifty-fifty. Auch wenn man sich gefühlsmäßig vielleicht nicht so hohe Chancen ausrechnet: Wer nicht fragt, der nicht gewinnt!

Auf das Gespräch mit dem Vorgesetzten sollte man sich sehr gut und ausführlich vorbereiten und

Geschickt verhandeln

- *Man sollte selbstbewusst und zuversichtlich in das Gespräch gehen und sich nicht wie ein Bittsteller fühlen. Schließlich hat man schon viel für die Firma getan und kann deshalb auch einen Wunsch äußern. Man fragt ja nicht nach etwas Unmöglichem – etliche Firmen bieten ihren Mitarbeitern Sabbaticalregelungen an und auch die Regierung hat mit Gesetzen den Weg für eine Auszeit geebnet.*
- *Wichtig ist, dem Chef klarzumachen, dass man keineswegs unzufrieden mit seinem Job und der Firma ist und auch nicht die Lust am Arbeiten verloren hat, sondern sich einfach nur eine kreative Pause wünscht. Vielleicht rückt man daher den Wunsch nach der Erfüllung eines Lebenstraums (Reise, Sprache lernen) beim Gespräch in den Vordergrund.*
- *Man sollte die Thematik auch mit den Augen des Chefs betrachten. Sich überlegen, welche Einwände von seiner Seite kommen können und dafür Argumente zurechtlegen. Seine Bedenken hört man sich natürlich aufmerksam und geduldig an und versteht sie möglichst als Interesse und Anregung, gemeinsam eine Lösung zu finden.*
- *Um dem Chef einige Bedenken gleich zu nehmen, sollte man gar nicht erst von Problemen sprechen, sondern Ziele formulieren und Lösungsvorschläge (z. B. wer die eigene Arbeit während der Abwesenheit übernehmen könnte) anbieten. Und klarmachen, dass man sich nach der Rückkehr sehr schnell und engagiert wieder in den Arbeitsalltag eingliedern wird.*
- *Wichtig ist, den Nutzen für das Unternehmen herauszuarbeiten. Erweiterte Sprachkenntnisse zählen dazu, interkulturelle und soziale Kompetenzen,*

auf jeden Fall um einen offiziellen Termin bitten und den Chef nicht mal eben im Flur auf das Thema ansprechen.

Im Vorfeld sind Erkundigungen einzuholen: Gibt es in der **Betriebsvereinbarung** Regelungen in Bezug auf Teilzeit/Auszeit (beim Betriebsrat nachfragen) oder steht dazu evtl. sogar etwas im eigenen Arbeitsvertrag? Hat in der Firma schon mal jemand ein Sabbatjahr genommen oder in der Abteilung danach gefragt? Die Kollegen können hier vielleicht

evtl. auch zusätzliche fachliche Kenntnisse. Vielleicht schnuppert man ja auch im Ausland in die eigene Branche, besucht eine ausländische Niederlassung der Firma oder lernt einen potenziellen Kunden kennen. Und schließlich bekommt die Firma nach der Auszeit einen zufriedenen, ausgeruhten und motivierten Mitarbeiter zurück.

- *Es ist natürlich darauf zu achten, dass die eigenen Wünsche für die Firma auch akzeptabel sind. Wenn gerade eine Kollegin in den Schwangerschaftsurlaub geht oder man die Abwesenheit in die Hauptgeschäftszeit der Firma legen will, hat man sicherlich keine guten Karten. Man muss dem Arbeitgeber zeigen, dass man bereit ist, sich nach dessen Interessen zu richten.*
- *Wenn man genau weiß, was man will und warum man ein Sabbatical möchte, kann man den Chef am besten überzeugen. Bei aller sachlichen Argumentation sollte man begeistert für seinen Wunsch einstehen, denn es ist nicht nur wichtig, was man sagt, sondern genauso, wie man es sagt.*
- *Auch wenn man während des Gesprächs keine Einigung erzielt, bemüht man sich am besten bis zum Ende um einen vernünftigen Gesprächston und wahrt ein gutes Verhältnis zum Chef. Auch wenn man vielleicht kündigen muss, kann der Chef mit einem guten Zeugnis oder später mit seinen Kontakten oder einer neuen Stelle wieder von Nutzen sein.*
- *Am Ende der (hoffentlich erfolgreichen) Verhandlungen sollte man alle Vereinbarungen schriftlich festhalten.*

Der richtige Moment

Hat man gerade eine Arbeit erfolgreich erledigt, einen neuen Kunden gewonnen oder ein neues Verfahren ausgeklügelt, dürfte der Zeitpunkt für ein Gespräch günstig sein. Aber auch, wenn abzusehen ist, dass die Auftragslage in der nächsten Zeit nicht so gut sein wird.

Allerdings kann man nicht ewig warten: Spätestens einige Monate vor der geplanten Auszeit (sich selbst einen Termin setzen!) muss das Gespräch gesucht werden. Wer die Auszeit auf alle Fälle durchziehen will, hat darauf zu achten, dass bei einer Absage von Seiten des Chefs die Kündigungsfrist noch eingehalten werden kann.

gute Tipps geben. Wenn in der Firma keine kollegiale Stimmung herrscht, muss man sich geschickt und vorsichtig umhören. Ansonsten können enge Kollegen auch eingeweiht werden. Letztlich braucht man ihre Unterstützung, um die Auszeit zu realisieren.

Bevor man mit dem Chef verhandelt, sollte man überlegen, wie **kompromissbereit** man sein will bzw. kann. Vielleicht muss es nicht ein ganzes Jahr sein, sondern man wäre auch mit 6 Monaten Auszeit zufrieden oder man ist flexibel, was das Startdatum betrifft. Die wichtigen und unumstößlichen Punkte notiert man am besten im Vorfeld.

Mustervertrag

Einen „Arbeitsvertrag zur Regelung flexibler Arbeitsverhältnisse (Flexi-Gesetz)“ zum kostenpflichtigen Download bietet u. a. der Haufe Verlag unter www.haufe.de ➞ Downloads

Verträge und andere Schriftstücke

Wird eine Vereinbarung getroffen, ist ein **schriftlicher Vertrag** unverzichtbar – entweder als Zusatz zum bestehenden oder als neuer Arbeitsvertrag. Um sicherzugehen, dass alle wichtigen Details enthalten sind und rechtlich alles stimmt, sollte man sich z. B. vom Betriebsrat oder einem Anwalt für Arbeitsrecht beraten lassen – besonders dann, wenn die Firma noch keine Erfahrungen mit längerfristigen Arbeitszeitkonten hat und es noch keine Betriebsvereinbarung zur Thematik gibt.

Die Möglichkeit zum **Ansparen von Wertguthaben** ist eine große Chance, aber auch ein Risiko.

Wichtige Fragen zum Sabbaticalvertrag

- *Wird das Arbeitszeitkonto in Zeit oder Geld geführt?*
- *Wie lange läuft der Vertrag? Was ist die vertragliche Arbeitszeit?*
- *Was wird alles als Wertguthaben auf dem Langzeitkonto angerechnet?*
- *Wie verändert sich die Vergütung? Wie hoch ist sie während der Auszeit?*
- *Welche Regelungen greifen beim Krankheitsfall während der Auszeit?*
- *Gibt es Regelungen für den Fall, dass das Arbeitsverhältnis vor Erreichen des Ansparziels gestört wird (z. B. Kündigung, Arbeitsunfähigkeit)?*
- *Ist das Guthaben auch bei z. B. Konkurs der Firma geschützt?*
- *Wie wird mit der eventuellen betrieblichen Altersversorgung und den vermögenswirksamen Leistungen verfahren?*
- *Was passiert mit Lohnzusätzen wie Bonus, Gewinnbeteiligung (variable Anteile) und Firmenwagen, Übernahme von Gebühren für Handy, Kreditkarte usw. (Nebenleistungen)?*
- *Wie erfolgt die Wiedereingliederung? Kann an dieselbe Stelle zurückgekehrt werden?*
- *Besteht der Arbeitgeber auf einer Rückrufoption, also einer möglichen vorzeitigen Beendigung der gewährten Auszeit?*

Arbeitszeugnis und Empfehlungsschreiben

Bevor es in die Auszeit geht, sollte man ruhig um ein Arbeitszeugnis bzw. auch Empfehlungsschreiben bitten. Macht sich beim Arbeitgeber deshalb Skepsis breit, kann man argumentieren, dass sich vielleicht im Ausland kurzzeitig eine Jobmöglichkeit ergibt oder der Chef bei der Rückkehr vielleicht nicht mehr auf seinem Posten ist.

Wenn man Arbeitszeit anspart, anstatt sie sich in Geld auszahlen zu lassen, gibt man seiner Firma einen Kredit. Deshalb sollte man relativ sicher sein, dass man lange in der Firma bleibt und dass die Firma den Kredit zurückzahlen kann. Mit dem Flexi-Gesetz hat der Gesetzgeber in § 7d SGB IV festgelegt, dass die Vertragsparteien eine Vorkehrung zur Insolvenzversicherung der Arbeitszeitkonten vereinbaren sollen. Allerdings lässt er die Form des

004lr Abb.: ba

Insolvenzschutzes bisher offen. Die am häufigsten praktizierten Insolvenzsicherungsmodelle sind Bürgschaften, Kautionsversicherungsmodelle oder die treuhänderische Verwaltung eines Pfandrechts.

Arbeitslos melden

Wenn man seinen Job kündigt – sei es, weil sich mit der Firma keine Einigung über eine Urlaubslösung ergibt oder die Kündigung sowieso geplante Sache war – führt der Gang zur Agentur für Arbeit.

Allerdings sollte man eine **persönliche Beratung** bei der Agentur für Arbeit schon vor der Kündigung in Anspruch nehmen, um die eigene Situation zu analysieren. Der zuständige Leistungsberater kann detaillierte Auskünfte zu Ansprüchen geben. Sobald der Beendigungszeitpunkt des Arbeitsvertrages (und somit des Versicherungspflichtverhältnisses) feststeht, ist man ohnehin verpflichtet, sich unverzüglich persönlich bei der Agentur für Arbeit **arbeitssuchend** zu melden. Versäumt man die rechtzeitige Meldung, mindert sich das Arbeitslosengeld. Spätestens am ersten Tag der Beschäftigungslosigkeit muss dann die Arbeitslosmeldung erfolgen, die zur Sicherung von finanziellen Ansprüchen (Arbeitslosengeld) dient.

Aktuelle Informationen

Auf der Website der Bundesagentur für Arbeit kann man sich über die aktuellen Regelungen und neuesten Änderungen informieren.

- *www.arbeitsagentur.de*

Informationen zur Zentralstelle für Arbeitsvermittlung (ZAV), den Berufsinformationszentren (BIZ) und dem Internationalen Service der Bundesagentur für Arbeit (s. Kapitel „Arbeiten" S. 47).

Auch wenn man seinen **Job kündigt,** hat man Anspruch auf Arbeitslosengeld, wenn man innerhalb der letzten zwei Jahre vor der Arbeitslosmeldung und der eingetretenen Arbeitslosigkeit mindestens 12 Monate in einer versicherungspflichtigen Beschäftigung gestanden hat.

◄ Man sollte sich frühzeitig bei der Agentur für Arbeit beraten lassen

Die Anspruchsdauer (zwischen 6 und 18 Monate) richtet sich nach der Anzahl der Monate des Versicherungspflichtverhältnisses in diesem Zeitraum. Die Höhe richtet sich nach dem Gehalt der letzten versicherungspflichtigen Beschäftigung und der Lohnsteuerklasse. Wer selbst kündigt (Arbeitsaufgabe) oder wer einen Aufhebungsvertrag unterzeichnet, wird von der Agentur für Arbeit allerdings mit einer **Sperrzeit** bedacht. Sie beginnt mit dem Tag nach dem Ereignis, das die Sperrzeit begründet, und bewirkt, dass das Arbeitslosengeld für 12 Wochen nicht gezahlt wird. Außerdem vermindert sich die Anspruchsdauer um die Tage der Sperrzeit (bei einer 12-wöchigen Sperrzeit wegen Arbeitsaufgabe mindestens um ein Viertel der Anspruchsdauer).

Eine „Mitnahme" von erworbenen Ansprüchen ins Ausland oder auch die Gewährung von Leistungen zum Zwecke der Arbeitssuche im Ausland ist nur innerhalb der EU-Länder möglich. Unter bestimmten Voraussetzungen hat man bis zu 3 Monate lang Anspruch auf Weiterzahlung der Leistungen, die man als Arbeitsloser zu Hause bis dahin erhalten hat. Hierzu muss man sich natürlich bei der zuständigen Behörde im Ausland melden und sich im Vorfeld über die notwendigen Formalitäten erkundigen.

Die Unterbrechung bzw. Beendigung des Arbeitslosen-Status, weil man bei einem Auslandsaufenthalt der Arbeitsvermittlung nicht zur Verfügung steht, muss konkret mit dem **Arbeitsvermittler** besprochen werden. Wird die Arbeitslosigkeit mehr als 6 Wochen unterbrochen, können erst nach erneuter persönlicher Arbeitslosmeldung Leistungen gewährt werden. Ist der Anspruch auf Arbeitslosengeld, der vor der Ausreise aus Deutschland erworben wurde, noch nicht verbraucht, kann die Zahlung der Leistungen erneut bewilligt werden, wenn seit seinem Entstehen noch nicht vier Jahre vergangen sind und der Anspruch nicht aus anderen Gründen (z. B. Sperrzeiten) erloschen ist.

Sollte nach Rückkehr aus dem Ausland die Rahmenfrist zur Beantragung von Arbeitslosengeld I abgelaufen sein, kann auf Antrag **Arbeitslosengeld II** gewährt werden. Dies setzt voraus, dass man erwerbsfähig und bedürftig ist.

Sozialversicherungen

Kranken- und Pflegeversicherung

Wer als Angestellter bezahlten Langzeiturlaub nimmt, bleibt durch das Flexi-Gesetz (s. Kapitel „Teilzeitgesetz, Flexi-Gesetz und Langzeitkonten" S. 20) weiterhin krankenversichert. Bei **Beendigung des Beschäftigungsverhältnisses** durch eine Kündigung, aber auch bei Inanspruchnahme von unbezahltem Urlaub, wird die Zahlung der Kranken- und Pflegeversicherungsbeiträge durch die Firma automatisch eingestellt. Für die Krankenkassen besteht ab diesem Zeitpunkt noch eine Nachversicherungspflicht, die aber maximal einen Monat lang greift.

Da die heimische Krankenkasse zum Großteil für die Kosten von Behandlungen im europäischen Ausland aufkommt, kann man bei einem dortigen Aufenthalt in Erwägung ziehen, die Krankenversicherung beizubehalten und aus eigener Tasche zu zahlen. Aber selbst dann bzw. für den Fall, dass man dank Flexi-Gesetz automatisch krankenversichert bleibt, ist der Abschluss einer **Auslandsreise-Krankenversicherung** ratsam. Diese bezahlt beispielsweise Rücktransporte, die in den Versicherungsleistungen der Krankenkassen in der Regel nicht enthalten sind. Für Arztkosten im außereuropäischen Ausland kommt die Kranken-

kasse nicht auf. Für einen dortigen Aufenthalt ist eine Auslandsreise-Krankenversicherung ein Muss und dann ist ein Fortbestehenlassen der bisherigen Versicherung auf eigene Kosten nicht sinnvoll. Allerdings muss sichergestellt werden, dass man sich nach der Rückkehr aus dem Ausland - oder im Fall einer vorzeitigen Rückreise - wieder problemlos versichern kann. Die Auslandsreise-Krankenversicherung erlischt nämlich in der Regel mit Beendigung der Reise.

Die Gesundheitsreform 2007 sieht erstmalig die Versicherungspflicht für alle Bürger vor, was genauso ein Recht auf Versicherungsschutz in Deutschland bedeutet. Hat man den beispielsweise durch den Auslandsaufenthalt verloren, kann man nach der Rückkehr aus dem Ausland wieder in seine letzte Versicherung (sowohl gesetzliche wie auch private) eintreten.

Wenn man Anspruch auf Arbeitslosengeld hat, übernimmt die **Agentur für Arbeit** nach der Rückkehr die Kosten für die Krankenversicherung. Geht man sofort wieder ein Beschäftigungsverhältnis ein, werden die Beitragszahlungen von der Firma abgeführt. Klappt beides nicht, muss man sich bis auf Weiteres freiwillig selbst versichern.

Privat Versicherte sollten sich bei ihrer Versicherung erkundigen, ob und für welchen Zeitraum ein Versicherungsschutz auch im Ausland gewährleistet ist. Sollte dies nicht der Fall sein, kann evtl. eine **Anwartschaftsversicherung** abgeschlossen werden, mit der der Wiedereinstieg zu den gleichen Konditionen verbindlich zugesichert wird. Ansonsten wird man nach einer Kündigung und einem Neuabschluss nach der Rückkehr entsprechend dem Eintrittsalter höher eingestuft.

Auch in Bezug auf die **Pflegeversicherung** ist eine Weiterversicherung oder Anwartschaft in Betracht zu ziehen. Werden die Beitragszahlungen und damit der Pflegeversicherungsschutz unterbrochen, tritt ab erneutem Beginn der Pflegeversicherung eine Wartezeit von 5 Jahren ein, bevor Leistungen in Anspruch genommen werden können.

Es ist in jedem Fall ratsam, seine Krankenkasse über den Auslandsaufenthalt zu informieren und sich dort zu der Thematik noch einmal beraten zu lassen.

Rentenversicherung

Fakt ist, dass man sich allein auf die gesetzliche Rentenversicherung heutzutage nicht mehr verlassen kann. Grundsätzlich ist man beim Thema Rente mit einer **privaten Altersabsicherung** am besten beraten. Während des Auslandsaufenthaltes weiterhin **freiwillige Beiträge** in die gesetzliche Rentenversicherung einzuzahlen, lohnt sich nicht. Die Abschläge, die durch die zeitweilige Zahlungspause entstehen, sind in der Regel nicht gravierend. Man kann dazu natürlich noch mal das Gespräch mit dem Versicherungsträger suchen. Alle Rentenversicherungsträger (Bundesversicherungsanstalt für Angestellte, Landesversicherungsanstalten, Seekasse, Bundesknappschaft und Bahnversicherungsanstalt) treten seit 2005 unter dem gemeinsamen Namen ↗„Deutsche Rentenversicherung" auf. Somit ist die Deutsche Rentenversicherung Ansprechpartner für alle Versicherten in Deutschland. Informationen und Beratung gibt es in den bundesweit vertretenen Auskunftsstellen.

Deutsche Rentenversicherung

Infos und Beratung rund ums Thema Rente gibt es bei der Deutschen Rentenversicherung (www.deutsche-rentenversicherung.de, info@deutsche-rentenversicherung.de, kostenloses Servicetelefon 0800 10004800). Es können zahlreiche Publikationen bestellt werden. Die Broschüre „Arbeit im Ausland – für die Rente kein Problem" erklärt, mit welchen Staaten Rentenversicherungsabkommen bestehen und wie sich die Auslandsbeschäftigungen günstig auf die spätere Rente auswirken können.

Außerdem gibt es für bestimmte Berufsgruppen – sogenannte freie Berufe wie Ärzte oder Architekten – selbstständige Versorgungswerke.

Arbeitslosenversicherung

Für Auslandsbeschäftigte, Selbstständige und Pflegepersonen gibt es seit dem 1.2.2006 die Möglichkeit, sich **freiwillig** in der Arbeitslosenversicherung weiterzuversichern. Diese Regelung wurde im Dritten Gesetz für moderne Dienstleistungen am Arbeitsmarkt vom 23.12.2003 (BGBl I Nr. 65, S. 2848) festgelegt und ist vorerst bis zum 31.12.2010 befristet.

Infos aus dem Web

Die Broschüre „Hinweise zur freiwilligen Weiterversicherung in der Arbeitslosenversicherung" und Antragsvordrucke gibt es unter www.arbeitsagentur.de.

Die freiwillige Arbeitslosenversicherung ist unter anderem möglich für „Arbeitnehmer, die eine Beschäftigung im Ausland außerhalb der EU oder assoziierten Staaten ausüben" und kann daher für diejenigen, die während der Auszeit im Ausland arbeiten wollen, im Einzelfall ganz interessant sein.

Welche Leistungen letzten Endes an den Versicherungsnehmer gezahlt werden sollen, scheint leider recht unklar zu sein. Über die konkreten **Voraussetzungen** (Vorversicherungszeiten, Unmittelbarkeit, Nachweis der Beschäftigung im Ausland) und die jährlich neu berechnete Höhe der Beiträge informiert die Bundesagentur für Arbeit. Bei der örtlichen Agentur für Arbeit ist auch der Antrag auf die freiwillige Weiterversicherung zu stellen.

Informationsbeschaffung

Heutzutage gibt es eher zu viele Informationen als zu wenige. Daher kommt es besonders auf die Wahl der richtigen, kompetenten Quellen an. In den einzelnen Kapiteln werden deshalb – soweit möglich – Adressen oder Websites genannt, die weiterführende Infos und fundierten Rat vermitteln.

Recherchetipp

Nicht verzweifeln, wenn man beim Recherchieren auf unterschiedliche Angaben stößt. Am besten beschafft man sich Infos aus „erster Hand", indem man erfahrene Reisende befragt (s. Kap. „Reiseforen" S. 36). Klappt das nicht, muss man geduldig weiterrecherchieren – vielleicht auch auf Englisch oder in der Landessprache – oder sich letztlich einfach ins Abenteuer stürzen und vor Ort eigene Erfahrungen sammeln.

Informationsquellen

Da eine gute Vorbereitung der Reise wichtig ist, sollte man sich auch nicht scheuen, bei allen verfügbaren Anlaufstellen gründlich nachzufragen oder nachzulesen. Antworten auf reisetechnische Fragen erhält man u.a. in Outdoorläden, bei Automobilclubs, Behörden, Versicherungen, Tropeninstituten und Verbraucherberatungen. Informationen zu Reisezielen findet man natürlich in Reiseführern und auf Landkarten, aber auch in Reisezeitschriften und in

005lr Abb.: © Bob Folscheid - Fotolia.com

▲ *Infos zu den Reiseländern erhält man bei den Touristeninformationen*

Broschüren der Fremdenverkehrsämter. Auch vom Auswärtigen Amt, von den Botschaften, von Banken, der Deutschen Industrie- und Handelskammer, Fluggesellschaften und Reisebüros kann man länderspezifische Hinweise erhalten.

Informationen im Internet

Wichtigste und praktischste Informationsquelle heutzutage ist das Internet. Die meisten Organisationen, Ämter und Interessenvertretungen verfügen über eine eigene Website. Da aber jeder relativ unzensiert Informationen ins Netz stellen kann, besteht die Gefahr, dass gefundene Fakten nicht korrekt bzw. nicht aktuell sind oder man den Urheber der Informationen nicht nachvollziehen kann. Private Homepages sollten stets mit Vorsicht betrachtet werden, da sie nicht immer objektiv sind und oft veraltete Daten enthalten. Ein Blick auf das Datum der letzten Aktualisierung ist bei allen Websites sinnvoll.

Allgemeine Reise- und Länderinformationen

- www.auswaertiges-amt.de (Informationen zu Ein- und Ausreiseformalitäten, Botschaftsadressen, Sicherheitshinweise zu Reiseländern, Informationen des Gesundheitsdienstes u. v. m.)
- www.embassyworld.com (Botschaften weltweit)
- www.towd.com (Touristeninformationen weltweit)
- www.reiselinks.de (umfangreiche, kommentierte Linksammlung zu Reiseländern und Reisen allgemein)
- www.inwent.org/v-ez/lk/laender.htm (landeskundliche Informationsseiten der Vorbereitungsstätte für Entwicklungszusammenarbeit)
- www.cia.gov/cia/publications/factbook/index.html (CIA World Factbook, enthält grundlegende

Messen

Messen bieten immer eine gute Möglichkeit, viele Informationen zu sammeln und Ansprechpartner persönlich kennenzulernen.

Jobs, Sprachen usw.

- *www.avanti-info.de (Berlin - Internationale Messe für Jobs, Bildung und Karriere im Ausland)*
- *www.expolingua.de (Berlin - Internationale Messe für Sprachen und Kulturen)*
- *www.studyworld2007.com (Berlin - Internationale Messe mit Fokus auf Studium, Praktikum und akademische Weiterbildung im In- und Ausland)*
- *www.wege-ins-ausland.info (Köln - Messe für Auslandsinteressierte)*
- *www.eureca-jobmesse.de (Europäische Jobmesse der Bundesagentur für Arbeit)*

Tourismus

- *www.itb-berlin.de*
- *www.reiselinks.de/reisemessen.html*

statistische Daten über die Länder der Welt, zusammengestellt vom Auslandsnachrichtendienst der USA)
- http://wikivoyage.org/de/Hauptseite (Internetprojekt, das sich von Wikitravel abgespalten hat und einen vollständigen, aktuellen und verlässlichen weltweiten Reiseführer erstellen will, dessen Inhalte frei verfügbar sind)

Reiseforen

- www.weltreiseforum.de
- www.das-globetrotter-forum.de
- www.weltreise-forum.info
- www.globetrotter.org
- www.reise-preise.de/globetrotter-forum/index.html
- www.statravel.de

Geldkalkulation

Fakt ist, dass man für einen Auslandsaufenthalt reichlich Geld braucht. Daher sollte man rechtzeitig mit dem **Sparen** beginnen und sich ein finanzielles Polster anlegen. Hilfreich ist es dabei, die laufenden Kosten zu Hause einmal genau unter die Lupe zu nehmen und nach Möglichkeit schon vor der Reise zu reduzieren. Während man im Ausland ist, sollte man sie nach Möglichkeit gegen Null fahren.

Wie viel Geld man für den Auslandsaufenthalt braucht, hängt von verschiedenen Faktoren wie beispielsweise den Reisegewohnheiten, dem Reiseziel und dem Grund der Reise ab. Daher ist es kaum möglich, hier konkrete Zahlen bezüglich des nötigen Reisebudgets zu nennen. Eine **grobe Budgetplanung** ist aber machbar und auf jeden Fall auch ratsam, um eine Vorstellung von den ungefähr gebrauchten Mitteln zu bekommen.

Die durchschnittlichen Kosten für öffentliche Verkehrsmittel, Mietwagen und Benzin, Verpflegung und Unterkunft im Reiseland können in guten Reiseführern nachgelesen oder im Internet recherchiert werden. Nicht unterschätzen sollte man

Geldkalkulation für die Reise

Vorbereitungskosten:

- ❑ *Visagebühren, Bescheinigungen, Übersetzungen*
- ❑ *Impfungen, Medikamente*
- ❑ *Versicherungen*
- ❑ *Ausrüstung, Outdoorkleidung*
- ❑ *Reise- und Sprachführer, Karten*
- ❑ *Flug (inkl. Gebühren)*

Kosten während der Reise:

- ❑ *Unterkunft*
- ❑ *Transport (öffentlicher Nahverkehr, Anschaffung oder Miete von Kfz, Benzinkosten und Versicherungen, Flüge)*
- ❑ *Verpflegung*
- ❑ *Ausflüge und Aktivitäten (Eintrittsgelder, Veranstaltungen)*
- ❑ *Hygiene und Wäsche*
- ❑ *Einkäufe für den täglichen Bedarf*
- ❑ *Kommunikation (Porto, Telefon, Internet)*
- ❑ *Souvenirs, persönliche Anschaffungen und Vergnügungen*

Kosten bei der Rückkehr:

- ❑ *Lebenshaltungskosten zur Überbrückung von evtl. mehreren Monaten bis zum nächsten Job*
- ❑ *Wohnungssuche (Kaution), Miete (evtl. neue Wohnungseinrichtung)*
- ❑ *Bewerbungen*

die vielen kleinen Nebenkosten, die das Leben auf Reisen angenehm machen wie z. B. ein Bier in der Kneipe, Kaffee und Kuchen im Museumscafé, ein Konzert oder ein neues T-Shirt, weil man die alten wirklich nicht mehr sehen kann. Man sollte also die im Exkurs (s. S. 37) genannten Punkte nicht zu knapp kalkulieren. Man kann entweder einen Tagessatz oder **einen Wochensatz schätzen** und ihn dann auf die Reisedauer hochrechnen (plus natürlich noch die Kosten vor und nach der Reise). Zu dieser Summe sollte man noch einen Sicherheitszuschlag von 20–30 % hinzuaddieren, denn es kann immer etwas Unvorhergesehenes passieren.

Die so errechnete Summe wird sicherlich auf den ersten Blick erschreckend hoch aussehen. Wenn man aber mal die Kosten zusammenzählt, die man monatlich zu Hause hat, kommt sicherlich auch einiges zusammen – von den Ausgaben für den letz-

▼ Camping ist eine preisgünstige Übernachtungsmöglichkeit

026lr Abb.: ab

ten Urlaub ganz zu schweigen. Vielleicht bietet sich unterwegs ja sogar die Möglichkeit, etwas Geld zu verdienen oder Übernachtungskosten zu sparen. Tipps dazu finden sich z. B. in den Kapiteln „Arbeiten" (S. 47), „Wie kann ich den Aufenthalt preiswert organisieren?" (S. 112) und „Wie finde ich Arbeit?" (S. 117).

006lr Abb.: i-to-i.com

Reise-Ideen

0071r Abb.: © Jaspal Bahra - Fotolia.com

Reisen

Reisezeit

Zwei wichtige Faktoren, die die Reisezeit (und somit auch die Reiseroute) beeinflussen, sind das Klima und spezielle **Feierlichkeiten.** Da viele bedeutende und besonders erlebenswerte Festivitäten nur einmal jährlich stattfinden, muss man seine Reisezeit genau planen. Man sollte ebenso bedenken, dass es während bestimmter Feiertage (z. B. während des Ramadan in einem muslimischen Land), zu gewissen Einschränkungen für Touristen kommen kann.

Feiertage, Feste und Veranstaltungen weltweit
- *www.whatsonwhen.com*
- *www.feiertage-weltweit.com*
- *www.feste-der-religionen.de*

Wetter weltweit
- *www.wetteronline.de*
- *www.klimadiagramme.de*

Wenn man den Zeitpunkt der Abreise relativ frei wählen kann, lohnt sich bei der Planung durchaus ein Blick auf die **Klimabedingungen** des Reiseziels/der Reiseziele. Wenn man verschiedene Regionen bereisen will, wird man nicht immer optimale Klimabedingungen vorfinden können. Zumindest kann man aber versuchen, für die wichtigsten Reiseabschnitte sicherzustellen, dass man zu erträglichen Temperaturen reisen kann und nicht gerade Regenzeit oder Hurrikangefahr herrscht.

Andersherum sucht man sich vielleicht passend zum möglichen Reisezeitpunkt ein klimatisch geeignetes Reiseziel. Jahreszeiten, Temperaturen, Luftfeuchtigkeit, Regen und Wind spielen hier je nach Interessen und Vorlieben eine mehr oder weniger große Rolle: Will man am Strand liegen oder Wandern, Skifahren oder Surfen, in der Hauptsaison reisen oder dem Trubel entgehen?

Literaturtipp
„Wann wohin reisen" von Hans Hörauf, Reise Know-How Verlag, Bielefeld. Informationen über die besten Reisezeiten für 70 Länder und Regionen.

Reiseziel

Ob man sich für die Auszeit ein konkretes Reiseland auswählt, eine größere Region bereisen möchte oder es doch die langersehnte Weltreise sein soll, hängt von den persönlichen Wünschen und Möglichkeiten ab.

Wer bezüglich seines Reiseziels am Beginn der Planung noch sehr flexibel ist, beim Reisebudget aber eher nicht, kann mit der richtigen Reiseroute einiges an Kosten sparen. Die **Lebenshaltungskosten** in den verschiedenen Kontinenten und Ländern

008lr Abb.: av

◀ *Die Suche nach einem passenden Reiseziel kann sehr aufregend sein*

variieren natürlich sehr stark. Zwar sind die Flugkosten in ein asiatisches Land relativ hoch, vor Ort lebt es sich dann aber sehr preiswert. Beispielsweise sind in vielen Regionen Südostasiens, auf dem indischen Subkontinent, in großen Teilen Afrikas und in Lateinamerika die Lebenshaltungskosten relativ niedrig. Das Reisen in anderen Regionen wie Nordamerika, Australien, Neuseeland, Europa, Japan und großen Teilen der Karibik wird das Reisebudget dagegen stärker belasten.

In guten Reiseführern für Individualreisende kann man sich über die ungefähren Preise in einem Reiseland genauso informieren wie über die beliebtesten Sehenswürdigkeiten und Routen. Wertvolle Reisetipps aus erster Hand kann man sich ebenso in Reiseforen holen (s. Kapitel „Informationsbeschaffung“ S. 33).

Reiseart

Der eine möchte sich vielleicht in seiner Auszeit einer extremen sportlichen Herausforderung stellen und einen Berg im Himalaja besteigen. Ein anderer will die Kunstschätze der Inka-Kultur erforschen. Der nächste träumt schon seit Kindheitstagen davon, einen Blauwal in freier Natur erleben zu können. Und sicherlich gibt es auch nicht wenige Leute, die sich wünschen, einmal durch die Wüste Namib zu fahren. Die eigenen Vorlieben und Interessen werden vorgeben, ob die Reise eher einen sportlich aktiven, abenteuerlichen, naturkundlichen, kreativen, entspannenden oder kulturellen Schwerpunkt erhält.

Abhängig von der bisherigen Reiseerfahrung, der Finanzlage, dem Selbstvertrauen und der persönlichen Präferenz kann man sich für das organisierte oder das individuelle und unabhängige Reisen entscheiden. **Reiseveranstalter** gibt es

Verantwortungsvoll und bewusst reisen

Wohin und auf welche Art und Weise man auch reist, man sollte immer sicherstellen, dass man die lokalen Gesetze, Sitten und Traditionen respektiert. Das bedeutet beispielsweise, sich bezüglich des Konsums von Alkohol, des Rauchens oder der Kleiderordnung an die örtlichen Regeln anzupassen. Sehr wichtig ist es, die Einheimischen mit gebührendem Respekt zu behandeln und sie immer um Erlaubnis zu bitten, wenn man sie fotografieren möchte.
Ein guter Reiseführer sollte einen auf die landesspezifischen Gegebenheiten vorbereiten und über die wichtigsten Verhaltensregeln aufklären. Weitergehend befasst sich mit dieser Thematik die Reihe „KulturSchock" des Reise Know-How Verlages. Wenn möglich, sollte man auch darauf achten, dass die Gemeinden vor Ort vom Tourismus profitieren, indem man beispielsweise lokale Produkte kauft, lokale Touren bucht bzw. Reiseveranstalter wählt, die die Gemeinden und die Bevölkerung unterstützen. Ebenso wichtig ist es, darauf zu achten, dass die regionale Natur nicht zerstört wird, die natürlichen Ressourcen bewahrt werden und die Umwelt geschützt wird.

- *www.fairunterwegs.org*
- *www.forumandersreisen.de*
- *www.atmosfair.de*
- *www.exploreandhelp.de*
- *www.responsibletravel.com*

009fr Abb.: hb

◀ *Das sollte für jeden Reisenden selbstverständlich sein!*

▲ *Entspannt im Bus reisen*

reichlich und über das Internet findet man auch schnell Anbieter für selbst die ausgefallensten Reisewünsche. Wer einen guten Mittelweg zwischen pauschal und ganz auf eigene Faust sucht, wird sich vielleicht selbst oder mithilfe eines spezialisierten Reisebüros (z. B. STA Travel) einen groben Reiseplan zusammenstellen und dann vor Ort die eine oder andere für Touristen angebotene Tour mitmachen. Beliebt (nicht nur bei jungen Backpackern) sind beispielsweise die sogenannten **Hop-on-/Hop-off-Touren.** Dabei fährt man im Bus mit einer meist überschaubaren Gruppe von Reisenden zu großen Sehenswürdigkeiten, aber auch den kleinen „Geheimtipps". An den Stopps der Route kann man aussteigen und dann je nach Lust und Laune einfach mit einem der nächsten Tourbusse weiterfahren.

Arbeiten

Wer für längere Zeit im Ausland leben oder reisen möchte, will vielleicht durch Jobben unterwegs die Reisekasse aufbessern. In einigen Ländern - wie z. B. innerhalb der EU - ist das relativ problemlos möglich. In anderen braucht man eine spezielle **Arbeitserlaubnis** bzw. ein Arbeitsvisum, um einer bezahlten Beschäftigung nachgehen zu dürfen.

Wo und wie kann gearbeitet werden?

- *Als EU-Bürger hat man das Recht, in einem anderen* ***Mitgliedsstaat der EU*** *zu arbeiten (s. S. 50).*
- *Wer* ***außerhalb der EU*** *arbeiten will, muss ein Arbeitsverhältnis immer offiziell beantragen. Eine solche Arbeitserlaubnis bzw. ein Arbeitsvisum zu erhalten, gestaltet sich in der Regel leider recht schwierig (s. S. 52).*
- *Mit einigen Ländern hat Deutschland ein* ***Working-Holiday-Programm*** *vereinbart. Junge Leute (in der Regel bis 30 Jahre) können dann im Land reisen und dabei unter gewissen Voraussetzungen auch jobben (s. S. 55).*
- *Auch für ein* ***Praktikum*** *ist manchmal eine Arbeitserlaubnis nötig. Es gibt zahlreiche Organisationen, die Arbeitsaufenthaltsprogramme anbieten und bei der Vermittlung von Praktika und der Beschaffung der Arbeitserlaubnis helfen können (s. S. 56).*
- *Als* ***Au-pair*** *(Kinderbetreuung in Familien) ist es in der Regel relativ leicht, ein Arbeitsvisum zu erhalten (Liste von Au-pair-Agenturen über www.guetegemeinschaft-aupair.de oder www.au-pair-society.org), das gleiche gilt in einigen Ländern für* ***Englischlehrer*** *(s. Kap. „Mögliche Arbeitsfelder" S. 118).*

Für einige steht der Gedanke an eine Arbeitsstelle bei der Planung eines Auslandsaufenthaltes vielleicht auch im Vordergrund – weil man gerne berufliche Erfahrungen im Ausland sammeln möchte oder sich den Aufenthalt anders finanziell gar nicht leisten kann. Außerdem bietet sich durch einen Auslandsjob im Normalfall auch die Möglichkeit, länger an einem Ort zu bleiben und intensiv in das Leben in einem anderen Land einzutauchen.

Hilfe bei der weltweiten Jobsuche durch die Arbeitsagentur

Zentralstelle für Arbeitsvermittlung *(ZAV)*

Die ZAV vermittelt Stellenangebote weltweit. Als internationale Personalagentur der Bundesagentur für Arbeit bietet sie Information und Beratung zu Arbeitsaufenthalten im Ausland, zu Lebens- und Arbeitsbedingungen sowie Visafragen.

- *Zentralstelle für Arbeitsvermittlung (ZAV)*

Villemombler Str. 76, 53123 Bonn, Info-Hotline: 0180 1003060, Fax 0228 7132701111, Bonn-ZAV@arbeitsagentur.de, www.arbeitsagentur.de → Ihre Agentur für Arbeit → besondere Dienststellen → ZAV

Berufsinformationszentrum *(BIZ)*

Die Berufsinformationszentren, die man in jeder Arbeitsagentur findet, bieten Informationen rund um Berufe, Weiterbildung und Arbeitsmarktentwicklungen – auch im Ausland. Neben zahlreichen Infomappen, Büchern und Zeitschriften (z. B. Markt und Chance) gibt es Internetarbeitsplätze, Informationsveranstaltungen und auch Anleitung durch Berufsberater.

Internationaler Service der Bundesagentur

Die Bundesagentur für Arbeit bietet auf der u. g. Website Informationen rund um Leistungen und Angebote zum internationalen Bildungs- und Arbeitsmarkt. Unter dem Stichwort „Praktikanten und Jobsucher" kann u. a. die jährlich aktualisierte Broschüre „Jobs und Praktika im Ausland" heruntergeladen werden (die auch im BIZ ausliegt).

- *www.europaserviceba.de*

▲ *Bei der Arbeit auf Farmen kann man Lebenserfahrung sammeln*

Natürlich ist es eine Herausforderung, sich in relativ kurzer Zeit auf ein fremdes Land und eine andere Arbeitsethik einzustellen, andere Regeln und Bräuche kennenzulernen und zu akzeptieren – aber die Erfahrung ist es auf alle Fälle wert. Und im **Lebenslauf** kann die Auslandserfahrung auch sehr gut aussehen. Schließlich erwirbt bzw. verbessert man Fähigkeiten, die im Berufsleben eine wichtige Rolle spielen: Mobilität, Kontaktfreudigkeit, Flexibilität, Organisationsfähigkeit, Belastbarkeit und Kommunikationsfähigkeit (in einer Fremdsprache!).

Am einfachsten sammelt man internationale Berufserfahrung dort, wo man keine spezielle Arbeitserlaubnis braucht: in einem Land der EU.

Informationsstelle für Auslandstätige und Auswanderer

Diese Infostelle des Bundesverwaltungsamtes erstellt Länderinformationsschriften und Merkblätter zur Vorbereitung von Auslandsaufenthalten und ein Verzeichnis von Beratungsstellen (z. B. Raphaels-Werk, wo man Broschüren bestellen kann).

- *www.bva.bund.de*
- *www.raphaels-werk.de*

Arbeiten in Europa

011lr Abb.: aa

▲ *In der Tourismusbranche werden oft Saisonarbeiter gesucht*

Als Bürger eines Landes der Europäischen Union (EU), des Europäischen Wirtschaftsraums (EWR) und der Schweiz hat man das Recht, in jedem dieser Länder zu arbeiten. Für dieses Grundrecht auf Freizügigkeit der Arbeitnehmer braucht man **keine Arbeitserlaubnis.** Ein Personalausweis reicht aus, um einzureisen, sich drei Monate lang frei zu bewegen und einen Job zu suchen. Man kann dann auch die Dienste der öffentlichen Arbeitsvermittlung vor Ort in Anspruch nehmen.

Hat man einen Job gefunden, gelten für Arbeitnehmer aus anderen Mitgliedstaaten die gleichen Beschäftigungs- und Arbeitsbedingungen wie für die inländischen Arbeitnehmer. Manche Länder bestehen darauf, dass man sich als Wanderarbeitnehmer bei den zuständigen Behörden meldet, auch wenn die Dauer der voraussichtlichen Beschäftigung unter drei Monaten liegt. Ist sie länger als drei Monate, kann das Land eine offizielle Anmeldung und die Beantragung einer **Aufenthaltsgenehmigung** bei der zuständigen Stelle (meist die Ausländerbehörde) einfordern. Bei Vorlage des Personalausweises oder Passes und einer Arbeitsbescheinigung wird dann eine Meldebescheinigung ausgestellt. Diese Aufenthaltsgenehmigung ist fünf Jahre gültig. Man darf aber

„Handbuch Beschäftigung im Ausland"

Die „Deutsche Rentenversicherung Bund" veröffentlicht zahlreiche informative Broschüren rund um das Leben und Arbeiten im Ausland und damit verbundene Themen wie Versicherungspflicht, freiwillige Versicherung und Rentenanspruch.

● *www.deutsche-rentenversicherung-bund.de*

EURES

*EURES steht für **EUR**opean **E**mployment **S**ervices und ist ein 1993 gegründetes Kooperationsnetz zwischen der Europäischen Kommission und den öffentlichen Arbeitsverwaltungen der EWR-Mitgliedstaaten (EU-Mitgliedsstaaten plus Norwegen, Island und Liechtenstein), der Schweiz und anderen Partnerorganisationen.*
Aufgabe von EURES ist es, durch Beratung und Information über Arbeitsmöglichkeiten, Arbeits- und Lebensbedingungen in Europa die berufliche Mobilität der Menschen zu fördern. EURES besitzt bereits ein Netz von zahlreichen Beratern, die in Zusammenarbeit mit den Arbeitsagenturen bei der Arbeitsstellenvermittlung helfen.
Die Website von EURES bietet u. a. ein Verzeichnis der EURES-Berater, eine Jobsuchmaschine und Länderinfos zum Thema Leben und Arbeiten:

- *http://europa.eu.int/eures*

EURES informiert über und vermittelt in folgende Länder:

- *Belgien, Dänemark, Finnland, Frankreich, Griechenland, Irland, Island, Italien, Liechtenstein, Luxemburg, Niederlande, Norwegen, Portugal, Schweden, Schweiz, Spanien, UK, Österreich*

Für diese neu der EU beigetretenen Länder kann es während einer Übergangsfrist noch zu Einschränkungen der Freizügigkeit der Arbeitnehmer kommen:

- *Bulgarien, Estland, Lettland, Litauen, Malta, Polen, Rumänien, Slowakei, Slowenien, Tschechische Republik, Ungarn, Zypern*

bereits vor der Anmeldung die Arbeit aufnehmen. Konkrete Informationen zu den Vorschriften der einzelnen Länder erhält man auf der Website von ↗EURES.

▶ *Endlos viele Weinpflanzen warten darauf, in Form gebracht zu werden*

0131r Abb.: jk

Arbeiten im nichteuropäischen Ausland

Außerhalb Europas geht ohne Arbeitserlaubnis bzw. **Arbeitsvisum** leider so gut wie gar nichts. Und an eine Genehmigung heranzukommen ist (verständlicherweise) nicht leicht, da die Länder natürlich Arbeitsplätze für ihre eigenen Bürger sichern wollen.

Der übliche Weg wäre, im Ausland einen Arbeitgeber zu finden, der einem nicht nur einen Job anbietet, sondern dazu auch noch das nötige Arbeitsvisum beantragt. Die Ausländerbehörde will dann in der Regel einen Nachweis, dass kein Einheimischer die Stelle ausfüllen kann. Wenn in dem betreffenden Land ein Mangel an qualifizierten Arbeitskräften herrscht und man ein offizielles Jobangebot eines lokalen

Arbeitsvisa

Konkrete Informationen zu den arbeitsrechtlichen Gegebenheiten und Visabestimmungen im Reiseland erhält man über die jeweilige Botschaft des Landes.

Achtung: Normalerweise kann man seinen Visastatus nicht mehr ändern, wenn man einmal eingereist ist!

- *www.auswaertiges-amt.de (Kontaktdaten der Botschaften)*

Informationen rund ums Thema Jobsuche

Jobagenturen

Etliche große Personaldienstleister agieren weltweit, haben auch in anderen Ländern Niederlassungen und vermitteln internationale Jobs.

- *www.adecco.com*
- *www.randstad.com*
- *www.kellyservices.com*
- *www.hays.com*
- *www.manpower.com*

Jobsuchmaschinen

- *www.monster.com (Links zu den nationalen Websites von Monster, im Karrierejournal von monster.de gibt es auch Tipps zum Arbeiten im Ausland)*
- *www.jobpilot.de (gehört zu Monster, Jobsuche international)*
- *www.stepstone.de (unter der Rubrik „International“ kann man nach Jobs in über 50 Ländern suchen, zahlreiche Hinweise zum Arbeiten im Ausland)*
- *www.anyworkanywhere.com (weltweite Jobsuche, Länder-, Visa- und Arbeitsinfos für Reisende)*
- *www.payaway.co.uk (zahlreiche Infos rund um die Thematik Reisen und Jobben, speziell auch für Leute im Sabbatical)*
- *www.hotrecruit.co.uk (weltweite Jobsuche mit Schwerpunkt auf Großbritannien)*
- *www.findagapjob.com (Jobideen und Jobsuche speziell für Reisende während einer Auszeit)*
- *www.seasonworkers.com (Jobangebote für Reisende)*
- *www.jobsabroad.com (weltweite Jobsuche und zahlreiche Reise-Infos)*
- *www.jobsdb.com (Online-Netzwerk von Personaldienstleistern im Asien-Pazifik-Raum)*

Jobvermittlung

Das Online-Portal der deutschen Außenhandelskammern bietet Informationen zu weltweit über 80 Ländern und den dort vertretenen deutschen Unternehmen, Unterstützung bei der Suche nach Jobs, Praktika und Aus- und Weiterbildungsangeboten im Ausland.

- *www.ahk.de*

Die Bundesagentur für Arbeit vermittelt ebenfalls Jobs, siehe Exkurs „Hilfe bei der weltweiten Jobsuche durch die Arbeitsagentur" S. 48.

Jobanzeigen

Zeitungen und Zeitschriften sind eine gute Quelle bei der Suche nach Stellenangeboten, daher sollte man auch immer einen Blick in die Lokalblätter (oder auf deren Websites) werfen, die in der Regel ein- bis zweimal pro Woche Stellenanzeigen veröffentlichen.

- *www.newspaperindex.com/de/*

Stellenangebote und Studienaufenthalte der Weltorganisationen

*Die Schweizer Firma **Conti-Press,** Bureau of International Communication and Intelligence, vermittelt seit 1994 Menschen unterschiedlichster Berufe an große Weltorganisationen wie die Vereinten Nationen, das Rote Kreuz oder beispielsweise die World Wildlife Foundation.*

- *www.contipress.ch*

*Auch die **Bundesagentur für Arbeit** liefert auf ihrer Website zahlreiche Informationen zum Arbeiten bei internationalen Organisationen.*

- *www.arbeitsagentur.de → Informationen für Arbeitnehmer → Internationales*

Arbeitgebers hat, liegt der Erhalt einer **befristeten Arbeitserlaubnis** aber durchaus im Rahmen des Möglichen. Die Arbeitserlaubnis ist dann allerdings an diesen speziellen Arbeitgeber gebunden.

Für einen Job in einer anderen Firma muss eine neue Genehmigung besorgt werden bzw. es muss das Land verlassen werden, wenn der Job beendet ist. Ob man direkt an das Arbeitsvisum noch ein Touristenvisum anhängen kann oder dies nur durch Ausreise und erneute Einreise möglich ist, muss man bei der Botschaft erfragen.

014lr Abb.: nr

▲ *Mit Working-Holiday-Visum als Erntehelfer*

Working Holiday

Deutschland hat mit den Ländern Australien, Neuseeland, Japan und Kanada bilaterale Abkommen geschlossen, die es jungen Leuten zwischen 18 und 30 bzw. 35 Jahren (für Kanada) ermöglichen, sogenannte **Working-Holiday-Visa** für einen bis zu zwölfmonatigen Aufenthalt mit begrenzter Arbeitsmöglichkeit zu erhalten.

Durch ein solches Visum kann das Reisen im Land finanziert werden, indem man sich direkt vor Ort Gelegenheitsjobs sucht (Jobideen s. Kapitel „Wie finde ich Arbeit?" S. 117).

Es gibt etliche Organisationen, deren sogenannte ↗Work & Travel Programme eine problemlose Durchführung des Auslandsaufenthaltes versprechen. Sie bieten unter anderem Hilfe bei der Beantragung des WHVs, die Buchung von Flug und erster Unterkunft im Land, Auslands-

Work & Travel Programme

- ***Pan Pazifik,*** *www.panpazifik.de*
- ***AIFS Deutschland,*** *www.aifs.de*
- ***TravelWorks,*** *www.travelworks.de*
- ***STEP IN,*** *www.step-in.de*
- ***Go International Work and Travel Providers,*** *www.gointernational.ca*
- ***World of Xchange,*** *www.world-of-exchange.com*
- ***juststudies!,*** *www.juststudies.de*

Literaturtipp

„Australien - Reisen und Jobben" von Andrea Buchspieß und „Neuseeland - Reisen und Jobben" von Andrea Buchspieß und Johanna Kommer, beide Titel Reise Know-How Verlag, Bielefeld. Diese Praxisratgeber vermitteln zahlreiche Infos und Tipps rund um das Langzeitreisen in diesen Ländern.

Zu der Reihe gehört auch der Titel „Japan - Reisen, Jobben, Sprache Lernen" von Robert Baum, Reise Know-How Verlag, Bielefeld.

Visabeantragung

Die Visa können bei den jeweiligen Botschaften beantragt werden. Nähere Informationen (auch zu den genauen Visabestimmungen) gibt es unter:

- *www.germany.embassy.gov.au*
- *www.nzembassy.com*
- *www.kanada.de (Young Workers Exchange Program)*
- *www.botschaft-japan.de und www.jawhm.or.jp/eng*

versicherungen, Infoveranstaltungen vor Ort und Hilfe bei der Jobsuche.

Praktikum

Wer gerne in eine neue Branche hineinschnuppern will oder sich auf seinem Arbeitsgebiet weiterbilden möchte, sollte am besten ein Praktikum ins Auge fassen. Man kann sich zum einen selbst direkt an

Organisationen, die Praktika vermitteln

- ***Carl Duisberg Centren,*** *www.cdc.de*
- ***Pan Pazifik,*** *www.panpazifik.de*
- ***InterSwop e. V.,*** *www.interswop.de*
- ***GLS Sprachenzentrum Berlin,*** *www.gls-berlin.com*
- ***Praktikumsvermittlung.de,*** *www.praktikumsvermittlung.de*
- ***Internationaler Service der Bundesagentur,*** *www.europaserviceba.de*
- ***Praktikantenbüro der Europäischen Kommission,*** *http://europa.eu.int/comm/stages/index_de.htm (für junge Hochschulabsolventen, die einen Einblick in die Arbeitsweise der Europäischen Kommission und der EU-Organe erhalten möchten)*

Firmen im Ausland wenden, bei denen man ein Praktikum absolvieren möchte. Zum anderen gibt es zahlreiche ↗Organisationen, die sich auf die **Vermittlung von Praktikumsaufenthalten** spezialisiert haben. In beiden Fällen ist darauf zu achten, dass man selbst bei einem unbezahlten Praktikum in vielen Ländern ein **spezielles Visum** braucht (ein Touristenvisum reicht meist nicht!). Deshalb muss man sich bei der Botschaft bzw. Ausländerbehörde des jeweiligen

Praktikumssuchmaschinen

- *www.karriere.de*
- *www.praktikum-service.de*
- *www.jobpilot.de*
- *www.monster.com*
- *www.internjobs.com*
- *www.praktikums-boerse.de*
- *www.praktikum.de*

„Wege ins Auslandspraktikum"

Die Broschüre wird vom Deutschen Akademischen Austausch Dienst (DAAD), der International Association for the Exchange of Students for Technical Experience (IAESTE), Eurodesk c/o Internationaler Jugendaustausch- und Besucherdienst der Bundesrepublik Deutschland (IJAB) e. V. und der Zentralstelle für Arbeitsvermittlung (ZAV) in Kooperation herausgegeben. Sie bietet Infos rund um das Thema Auslandspraktikum, von der Stellensuche über Bewerbung, Vorbereitung und Finanzierung bis zur Nachbereitung. Außerdem enthält sie viele Links zu Anbietern und beratenden Organisationen. Das PDF kann man herunterladen unter

- *www.wege-ins-ausland.de*

InWEnt

InWEnt (Internationale Weiterbildung und Entwicklung gGmbH) bietet jungen Leuten durch Austausch- und Stipendienprogramme während oder nach der Ausbildung die Chance, weltweit Berufserfahrung zu sammeln. Die jährlich aktualisierte Broschüre „Weiterbildung ohne Grenzen" listet zahlreiche Organisationen und deren Programme auf, mit denen man zur beruflichen Qualifizierung ins Ausland gehen kann. Wer im Rahmen der Entwicklungszusammenarbeit ins Ausland möchte, findet über das ASA-Programm vielfältige Möglichkeiten.

- *www.inwent.org*
- *www.asa-programm.de*

Literaturtipp
„Volunteering – freiwillig helfen im Urlaub" von Elke Gersmann, Reise Know-How Verlag, Bielefeld. Der Leitfaden und Ratgeber für engagierte Reisende.

Landes genau über die Visabestimmungen informieren und sich rechtzeitig um ein Visum kümmern. Lässt man das Praktikum über eine Organisation vermitteln, kann diese Tipps und Hilfestellung bei der Visumbeantragung geben. Allerdings zahlt man für diesen Service und weitere Leistungen auch recht hohe Programmkosten bzw. Vermittlungsgebühren – zusätzlich zu Visumgebühren, Kosten für Anreise und Lebenshaltung vor Ort.

Volunteering

Eine schöne Möglichkeit, während der Zeit im Ausland etwas Sinnvolles zu tun, ist **Freiwilligenarbeit** (engl. Volunteering). Man kann in vielen Bereichen etwas für das Gemeinwohl und sein gutes Gewis-

015lr Abb.: i-to-i.com

▶ *Bei vielen Projekten kommt man in unmittelbaren Kontakt mit den Einheimischen*

sen tun, dabei in engen Kontakt zu den Einheimischen kommen, neue Freundschaften schließen und jede Menge Spaß haben. Außerdem entdeckt man vielleicht neue Fähigkeiten, von denen man bisher noch nichts ahnte, und übt sich im Meistern von Herausforderungen.

Arbeitskreis „Lernen und Helfen in Übersee" e.V.

Der Arbeitskreis bietet mit seiner Website ein Portal zu Themen rund um soziales Engagement weltweit, Freiwilligendienste, Entwicklungsdienste und Fachdienste. In der Stellendatenbank findet man neben aktuellen Einsatzmöglichkeiten für Leute, die sich für begrenzte Zeit im Ausland sozial engagieren wollen, auch Kurzprofile und Kontaktdaten von ca. 150 Entsendeorganisationen. In der Infothek können diverse Publikationen (z. B. „Internationale Freiwilligendienste", „Chancen des persönlichen Engagements im Ausland", „Möglichkeiten des Internationalen Engagements für ‚Ältere'") mit zahlreichen Hinweisen und Kontaktdaten heruntergeladen werden.

- *Arbeitskreis „Lernen und Helfen in Übersee" e.V., Thomas-Mann-Straße 52, 53111 Bonn, Tel. 0228 9089910, Fax 9089911, aklhue@entwicklungsdienst.de, www.entwicklungsdienst.de*

Organisationen

Wer freiwillig arbeiten möchte, kann sich direkt an eine einzelne Initiative wenden oder aber sich über eine Organisation vermitteln lassen. Die Palette solcher Organisationen reicht von großen, sehr gut durchorganisierten und kommerziellen bis zu ganz kleinen, etwas chaotischen, aber sehr engagierten Non-Profit-Organisationen. Für welchen Weg bzw. welche Art von Organisation man sich letztendlich entscheidet, hängt von mehreren Faktoren ab.

Vorteile der Teilnahme am Programm einer großen Organisation sind, dass man sich dort mit den Bedürfnissen und Wünschen der Teilnehmer meist gut auskennt, dass alles gründlich organisiert ist und man in der Regel nicht auf sich allein gestellt ist, sondern mit anderen Programmteilnehmern unterwegs und auch vor Ort betreut wird. Gerade wenn man sich für ein „exotisches" Land entscheidet, dass einen mit einer anderen Kultur und einem anderen Entwicklungsstand konfrontiert, kann eine große Organisation

▶ *So macht Tierschutz Spaß*

Infobüro fernetzt

Das kleine, sehr engagierte Team von fernetzt stellt auf seiner Website weltweite Projekte und Initiativen im sozialen und ökologischen Bereich vor, präsentiert Adressen und Kontakte zur Freiwilligenarbeit und liefert nützliche Tipps. Das Infobüro bietet außerdem die Möglichkeit, sich ausführlich zu informieren und auch persönlich beraten zu lassen.

● *Infobüro fernetzt, c/o SONED e. V., Monika Frank, Kreutzigerstr. 19, 10247 Berlin, Tel. 030 2945401 (Di und Do), monika@fernetzt.org, www.fernetzt.org*

Sicherheit vermitteln. Allerdings hat das in der Regel auch seinen Preis.

Grundsätzlich sind die Initiativen nicht nur auf die praktische Hilfe der Teilnehmer, sondern auch auf deren finanziellen Beitrag zur Unterstützung des Projektes angewiesen. Durch die zu zahlende **Teilnahmegebühr** – die je nach Art des Projektes sehr unterschiedlich ausfällt – können in den meisten Fällen Verpflegung und Unterkunft für die Teilnehmer gestellt und laufende Projektkosten gedeckt werden. Zusätzlich muss man noch für die Anreisekosten, Versicherungen und Visumgebühren aufkommen. Organisiert man das Volunteering über einen Vermittler, fließt vor allem bei größeren Organisationen ein nicht geringer Teil der Teilnahmegebühren in die Deckung administrativer Kosten. Allerdings darf man aber auch nicht vergessen, dass solche Organisationen durch ihre finanzielle und PR-wirksame Unterstützung das Überleben kleiner Projekte oft erst möglich machen. Manche **Vermittlungsagenturen** bieten in ihren Programmen neben der Organisation des reinen Aufenthaltes auch noch kulturelle Aktivitäten und Exkursionen vor Ort, Vorbereitungsseminare und Nachbereitungstreffen. Das schlägt sich natürlich im Programmpreis nieder

Informationen zu Volunteeringprojekten weltweit

- ***United Nations Volunteers,*** *www.unv.org und www.worldvolunteerweb.org (das United Nations Volunteers Programme der Vereinten Nationen stellt neben allgemeinen Möglichkeiten auch zahlreiche Organisationen vor)*
- ***Working Abroad,*** *www.workingabroad.com (Vermittlung zu Volunteering-Organisationen in über 150 Ländern)*
- ***World Service Enquiry,*** *www.wse.org.uk (kostenpflichtige Broschüren und abonnierbare Listen zu weltweiten Volunteermöglichkeiten)*
- ***Association of Voluntary Service Organisations,*** *www.avso.org (Plattform für zahlreiche europäische Organisationen, die Volunteering-Möglichkeiten anbieten)*
- ***The International Volunteer Programs Association,*** *www.volunteerinternational.org (Tipps zur Wahl des richtigen Volunteer-Programms und Übersicht über zahlreiche Organisationen)*
- ***VolunteerSouthAmerica.net,*** *www.volunteersouthamerica.net (Links zu kostenlosen oder preiswerten Projekten in Südamerika)*

– der dann nicht selten umgekehrt proportional zur Intensität der tatsächlichen Hilfe steigt.

Jeder Interessent muss selbst entscheiden, was ihm beim Volunteering besonders wichtig ist. Kleinere Initiativen konzentrieren sich vielleicht doch etwas stärker auf die konkrete Hilfe für die Menschen vor Ort und die intensive Zusammenarbeit mit einheimischen Projekten bzw. den lokalen Experten und weniger auf den „Erlebniswert" für die Teilnehmer. Wer sich auf eigene Faust an eine Initiative wendet, sollte auf jeden Fall sehr motiviert und selbstständig sein und ohne aufwendige Hilfestellung klarkommen.

Auf den Websites etlicher Anbieter kann man sich in Foren mit ehemaligen oder zukünftigen Freiwilligen austauschen und auch Erfahrungsberichte lesen. Sollte das nicht der Fall sein, kann man auch einfach nach Kontaktadressen von ehemaligen Teilnehmern des ausgesuchten Projektes fragen – so erhält man Informationen aus erster Hand.

Programmteilnahme

Mit der Suche nach einer passenden Art des Volunteerings sollte man rechtzeitig beginnen. Nur so kann man in Ruhe feststellen, ob das Projekt zu den eigenen Vorstellungen passt, und alle Anmeldeformalitäten gründlich regeln.

Oft schreiben die Organisationen ein **Mindestalter** der Programmteilnehmer von 18 Jahren vor. Hat man das einmal erreicht, darf man dann aber bis ins rüstige Rentenalter mithelfen. Besondere persönliche Voraussetzungen muss man normalerweise nicht erfüllen. Sollte das bei einer Organisation doch der Fall sein, wird darauf extra hingewiesen. Sehr vorteilhaft sind Englischkenntnisse, da in den Projekten oft Leute aus verschiedenen Ländern zusammenarbeiten.

Die **Programmdauer** kann abhängig vom Projekt sehr unterschiedlich sein – von einwöchigen Workcamps bis hin zu einjährigen Einsätzen. Viele Organisationen bestehen auf einem Minimumaufenthalt, da in der Regel eine Einarbeitungsphase nötig ist. Und es wird voller Einsatz bei meist langen Arbeitstagen erwartet.

Man sollte sich auf einfache Lebensbedingungen in ungewohnter Umgebung einstellen. Oft leben die Volunteers in Gastfamilien oder in schlichten Unterkünften, wo dann auch selbst gekocht werden muss.

In der Regel braucht man für das Volunteering **kein spezielles Visum.** Zumindest dann nicht, wenn man sich nur so lange im Land aufhält, wie man das als normaler Tourist ohne Visum bzw. mit einem Touristenvisum darf. Man sollte bei der Einreise auf jeden Fall angeben, dass man als Tourist unterwegs ist. Alles andere könnte zu Nachfragen und Schwierigkeiten führen. Wer längerfristig an einem Projekt mitarbeiten will, für den wird sich

▼ *Ein Volunteer bei der Mithilfe in einem Projekt in Guatemala*

018lr Abb.: i-to-i.com

vielleicht die Organisation einsetzen, um ein offizielles Arbeits- oder Volunteervisum zu erhalten.

Die **Anmeldeformulare** findet man meist gleich auf den Websites der Anbieter. Da die Organisation einen natürlich auch ein bisschen kennenlernen möchte, wird oft nach besonderen Fähigkeiten gefragt und nach der Motivation, am Programm teilzunehmen. Manche Anbieter führen nach der Anmeldung und der Anzahlung eine Art Vorstellungsgespräch durch – per Telefon oder auch persönlich. Bei dieser Gelegenheit (oder ansonsten auf eigene Initiative) sollte man dann auch ausführlich alle offenen Fragen klären.

Tätigkeitsbereiche

Bevor man sich für einen Tätigkeitsbereich und ein konkretes Projekt entscheidet, sollte man realistisch die eigenen Möglichkeiten und Interessen einschätzen, damit man die richtige Wahl trifft. Im Folgenden werden mögliche Arbeitsfelder kurz vorgestellt und entsprechende Vermittlungsagenturen, Organisationen und Initiativen aufgezählt.

Naturschutz

Wem Themen wie Umweltschutz, die Erhaltung von bedrohten Tierarten und die Bewahrung des Waldes wichtig sind, der kann sich in einem ökologischen Projekt engagieren. Man ist, zum Teil unter schwierigen Bedingungen, viel draußen, kann Zusammenhänge in der Natur begreifen und muss sich in der Regel körperlich anstrengen.

- ***Biosphere Expeditions,*** *www.biosphere-expeditions.com*
- ***Coral Cay Conservation,*** *www.coralcay.org*
- ***e2 – Sprache & Bildung,*** *www.e2-welt.de*
- ***i-to-i,*** *www.i-to-i.com*
- ***InterSwop,*** *www.interswop.de*

◀ *In Costa Rica engagiert man sich für den Schutz der Meeresschildkröten*

Soziales Engagement

Die Arbeit im sozialen Bereich erfordert viel Einfühlungsvermögen und Toleranz, denn man muss sich auf die Menschen einer anderen Kultur einstellen. Gerade das Unterrichten kann eine große Herausforderung darstellen. Denkbar sind im sozialen Bereich auch die Mithilfe in Krankenhäusern, Gesundheitsvorsorge, Betreuung von Kindern in Waisenhäusern oder Menschen in Altenheimen.

- ***AFS Interkulturelle Begegnungen e. V.,*** *www.afs.de*
- ***Projects Abroad,*** *www.projects-abroad.de*
- ***Experiment e. V.,*** *www.experiment-ev.de*
- ***EIRENE,*** *www.eirene.org*
- ***Peace Villages Foundation,*** *www.peacevillages.org*
- ***VSO,*** *www.vso.org.uk*

Archäologische Ausgrabungen

Neben den eigentlichen Ausgrabungsarbeiten, die man unter Anleitung von Wissenschaftlern durchführt, gehört meist auch die Dokumentation der

0191r Abb.: hb

▲ *Bei archäologischen Projekten gehört für die Freiwilligen Geduld mit dazu*

Funde und Laborarbeit zu den Aufgaben der Freiwilligen. Geduld – vor allem beim Erschließen neuer Fundstellen – ist unbedingt mitzubringen.

- ***Earthwatch Institute,*** *www.earthwatch.org/europe*
- ***Archäologie Online,*** *www.archaeologie-online.de/links/236/592/index.php*
- ***The National Trust,*** *www.nationaltrust.org.uk/volunteering*
- ***Archaeology Abroad,*** *www.britarch.ac.uk/archabroad*

Workcamps

Der interkulturelle Austausch spielt bei den international besetzten Workcamps eine große Rolle. Auch wenn sich die Camps traditionell eher an junge Leute bis etwa 30 Jahre richten, finden mittlerweile auch verstärkt welche für Ältere statt. Meist dauern die Workcamps zwei bis vier Wochen.

- ***Aktion Sühnezeichen Friedensdienste,*** *www.asf-ev.de*
- ***Service Civil International e. V.,*** *www.sci-d.de*
- ***Youth Action for Peace Deutschland – Christlicher Friedensdienst,*** *www.yap-cfd.de*
- ***Internationale Jugendgemeinschaftsdienste e. V.,*** *www.ijgd.de*

Kibbuz und Moschaw

Vor einigen Jahren noch war die Kibbuz- und Moschawbewegung in Israel sehr populär. Heutzutage gibt es aber kaum mehr Neugründungen solcher Gemeinschaftssiedlungen, die eine kollektive Wirtschafts- und Lebensweise praktiziert haben und zum Teil noch praktizieren, und die Jugend verlässt die Kibbuzim. Auch bei Ausländern ist ein Aufenthalt in einem Kibbuz – vor allem durch die angespannte politische Lage – nicht mehr so gefragt.

Es werden aber für junge Leute zwischen 18 und 35 Jahren noch Programme für Kibbuzaufenthalte angeboten, während denen man einen guten Einblick in das Arbeitsleben und den Alltag dieser Gemeinschaften erhalten kann. Allerdings sollte man sich vor einem solchen Aufenthalt unbedingt beim Auswärtigen Amt über aktuelle Reise- und Sicherheitshinweise informieren und bei der Wahl des Kibbuz besonders darauf achten, dass es sich in einer relativ sicheren Zone befindet.

- ***Israel für Einsteiger,*** *www.klartexxt.de/israel*
- ***Kibbutz Artzi Federation,*** *www.kibbutz.org.il/eng/welcome.htm*
- ***Kibbutz Program Center – Takam-Artzi,*** *www.kba.org.il/volunteers/vomain.htm*
- ***Kibbutz Volunteer,*** *www.kibbutzvolunteer.com*

020lr Abb.: i-to-i.com

◀ *Der Spaß kommt in Workcamps nicht zu kurz*

Entwicklungsdienst

Für den Entwicklungsdienst werden berufserfahrene Fachkräfte gesucht, die als Entwicklungshelfer, d.h. „ohne Erwerbsabsicht", zeitlich befristet an internationalen Projekten mitarbeiten. Zurzeit sind in Deutschland sechs Entwicklungsdienste offiziell anerkannt.

- ***Arbeitsgemeinschaft für Entwicklungshilfe e. V. (AGEH),*** *www.ageh.de*
- ***Christliche Fachkräfte International e. V. (CFI),*** *www.cfi-stuttgart.de*
- ***Deutscher Entwicklungsdienst gGmbH (DED),*** *www.ded.de*
- ***EIRENE – Internationaler Christlicher Friedensdienst e. V.,*** *www.eirene.org*
- ***Evangelischer Entwicklungsdienst e. V. (EED/DÜ),*** *www.eed.de*
- ***Weltfriedensdienst e. V. (WFD),*** *www.wfd.de*

*Über den **Arbeitskreis Lernen und Helfen in Übersee e. V.** gibt es allgemeine Informationen rund ums Thema Entwicklungsdienst:*
- *www.entwicklungsdienst.de*

Homestay

Eine schöne Möglichkeit, sich in einem fremden Land in das Alltagsleben zu integrieren, ist der Aufenthalt in einer Gastfamilie (auch Homestay genannt). In der Regel zwei bis vier Wochen, manchmal aber auch über längere Zeit, wird man von einer Familie aufgenommen und kann aktiv am Familienalltag teilhaben. Solche Angebote gibt es nicht nur für Schüler, sondern für Leute jeglicher Altersgruppen. Die Homestays sind nicht als reine

Wer würde nicht gern bei einer so netten Familie wohnen?

Übernachtungsmöglichkeit gedacht, sondern sollen der Völkerverständigung und interkulturellen Kommunikation dienen.

- *www.experiment-ev.de*
- *www.via-ev.org*
- *www.homestayfinder.com*

Sprache lernen

Wer es sich finanziell leisten kann, will den Auslandsaufenthalt vielleicht auch dafür nutzen, eine Fremdsprache zu lernen bzw. bereits vorhandene Sprachkenntnisse zu verbessern. Sich in der Landessprache verständigen zu können, ist vor allem dann sehr hilfreich, wenn man im Land viel reisen möchte oder einen Job sucht. Warum also nicht in den ersten Wochen der Auszeit vor Ort eine **Sprachschule** besuchen? Wer will, kann sich von der Sprachschule eine Unterkunft bei einer Gastfamilie organisieren lassen. So ist man gleich mittendrin in der Sprache und im Alltag des Landes. In der Schule lernt man auch schnell neue Leute kennen, am besten dann, wenn dort zusätzlich Freizeitaktivitäten angeboten werden.

Man hat zum einen die Möglichkeit, sich direkt bei einer Sprachschule im Ausland für einen Kurs anzumelden (siehe „Sprachschulen direkt buchen"). Der andere Weg ist die Buchung über einen **Sprachreiseveranstalter** zu Hause (siehe Exkurs

Sprachschulen direkt buchen
- *www.language-learning.net*
- *www.languagecourse.net*

Fachverband Deutscher Sprachreiseveranstalter (FDSV)
Der FDSV ist ein Zusammenschluss deutscher Sprachreiseveranstalter. In der Mitgliederdatenbank kann man sich praktischerweise zu seinem Wunschziel den passenden Veranstalter raussuchen.
- *www.fdsv.de*

Anbieter von Sprachreisen
- ***Carl Duisberg Centren,*** *www.cdc.de*
- ***carpe diem Sprachreisen,*** *www.carpe.de*
- ***Dialog-Sprachkurse,*** *www.dialog.de*
- ***Europäisch-Lateinamerikanische Gesellschaft,*** *www.elg-online.de*
- ***Offährte Sprachreisen,*** *www.offaehrte.de*
- ***Studiosus Reisen,*** *www.studiosus.com/sprachreisen*
- ***Dr. Frank Sprachen und Reisen,*** *www.dfsr.de*
- ***Sprachcaffe Sprachreisen,*** *www.sprachcaffe.de*
- ***lernen und helfen sprachreisen,*** *www.lernenundhelfen.de*

▲ *Bei einem Sprachkurs lernt man schnell neue Leute kennen*

„Anbieter von Sprachreisen"). Bei der Auswahl des Anbieters sollte man nicht nur die Preise, sondern unbedingt auch die angebotenen Leistungen vergleichen.

Literaturtipp

„Sprachen lernen im Ausland" von Alexandra Albert, Reise Know-How Verlag, Bielefeld. Den passenden Kurs und Veranstalter finden; Bildungsurlaub nutzen; die Reise organisieren etc.

Ausspannen und Besinnen

Pilgerreisen

Heutzutage sind Pilgerreisen wieder sehr beliebt – und das sicherlich nicht nur, weil etliche Prominente pilgern. Viele Menschen möchten ihre Auszeit vom Job dafür nutzen, zu den Ursprüngen des Reisens zurückzukehren. Sie wollen einen besonderen Ort besuchen, sich besinnen, religiöse oder spirituelle Erfahrungen machen oder einfach den Alltag hinter sich lassen. Für einige ist das Ziel eine religiöse Stätte der Weltgeschichte, für andere vielleicht ein Ort aus Kindertagen.

Zu den populärsten europäischen Pilgerrouten zählt ohne Zweifel der **Jakobsweg** durch Frankreich und Spanien nach Santiago de Compostela, der in der Literatur schon oft thematisiert wurde.

Einige der größten und interessantesten Pilgerstätten sind Heiligtümer der Hindus und Buddhisten. Es lohnt sich, den Zeitpunkt einer Besichtigung solcher Orte (sofern man sie unter Berücksichtigung religiöser Regeln besuchen darf) mit lokalen religiösen Festlichkeiten zusammenzulegen. Gerade in Indien findet man nicht nur viele Pilgerstätten, sondern kann auch zahlreiche Feste erleben. In **Allahabad,** am Zusammenfluss von Ganges und Ya-

▶ *Auf einer Wallfahrt*

023lr Abb.: ab

◀ *Gottesdienst im Freien bei einem christlichen Treffen*

muna, findet alle 12 Jahre (das nächste Mal 2013) das größte religiöse Fest der Welt, die Kumbh Mela, und jedes Jahr im Januar/Februar die Magh Mela statt.

Für Moslems ist **Mekka** in Saudi Arabien die heiligste Stadt, die jeder Moslem wenigstens einmal in seinem Leben besuchen sollte. Jedes Jahr begeben sich Millionen von Moslems auf den Hadsch, die islamische Pilgerreise nach Mekka.

Der Berg **Kailash** in Tibet zählt u.a. für Hindus und Buddhisten zu den bedeutendsten spirituellen Orten. Die Umrundung des heiligen Berges gilt für sie als wichtigste Pilgerreise.

Das **Heilige Land** in Israel und den Palästinensischen Autonomiegebieten ist eine bedeutende Pilgerstätte für Christen, Juden und Moslems gleichermaßen.

Einige europäische Pilgerrouten

- *Jakobsweg nach Santiago de Compostela (Spanien), www.xacobeo.es*
- *Via Francigena nach Rom (Italien), www.francigena-international.org*
- *Lourdes (Frankreich), www.lourdes-france.org*
- *Fatima (Portugal), www.santuario-fatima.pt*
- *Medjugorje (Bosnien und Herzegowina), www.medjugorje.org*

*Der Verein **EUROVIA** vermittelt auf seiner Website nicht nur Informationen zu einigen europäischen Pilgerrouten, sondern möchte auch eine Plattform von Pilgern für Pilger bieten.*

- *www.eurovia.tv*

▲ *Pilgerreisen sind wieder sehr beliebt*

Neben Jerusalem besuchen die Gläubigen meistens auch Galiläa, Bethlehem, Getsemani und den Ölberg.

Retreats: Klöster, buddhistische Zentren und Ashrams

Gerade am Anfang der Auszeit, um sich auf die neue Lebenssituation einzustimmen und Ballast abzuwerfen, oder aber am Ende, um die Rückkehr ins Alltagsleben gedanklich vorzubereiten, kann ein Retreat hilfreich sein.

Während man im deutschen Sprachraum von Retreats oft im Zusammenhang mit buddhistischer Meditation spricht, wird im Englischen der Begriff Retreat (übersetzt im Sinne von „Rückzug") für ganz verschiedene Arten des Rückzugs aus dem Alltagsleben verwendet. Grundsätzlich steht der Gedanke im Vordergrund, an einem ruhigen und sicheren Ort genügend **Zeit und Privatsphäre** zu haben, um zu entspannen und nachzudenken. Religiöse Gebete und spirituelle Erfahrungen stehen nicht bei allen

Retreat-Zentren im Vordergrund, spielen aber im Buddhismus und bei einigen christlichen Religionen eine wichtige Rolle. Oft werden auch Aktivitäten wie (Gruppen-)Gespräche, Yoga, Meditation, Massagen und ayurvedische Behandlungen angeboten. Retreat-Zentren können beispielsweise Klöster, Yogazentren oder Ashrams sein.

Ein **Ashram** ist ein Meditationszentrum, das von einem spirituellen Führer (Guru) geleitet wird und neben z. B. Meditation, Yoga- und Entspannungskursen auch spirituelle Führung bietet. Das Leben in einem Ashram ist bewusst einfach angelegt, durch straffe Zeitpläne und viele Regeln streng organisiert und in der Regel durch eigene Beteiligung an den täglichen Verrichtungen nicht teuer.

- ***Deutsche Buddhistische Union e. V.,*** *www.buddhismus-deutschland.de (Auflistung von buddhistischen Gruppen und Zentren weltweit)*

▼ Ein buddhistischer Tempel in Laos - einige von ihnen bieten Möglichkeiten zum Rückzug

027lr Abb.: kw

- ***Freunde des Westlichen Buddhistischen Ordens,*** *www.fwbo.de (internationale buddhistische Zentren)*
- ***European Buddhist Union,*** *www.e-b-u.org (buddhistische Zentren in Europa)*
- ***Retreat Infos,*** *www.retreat-infos.de (buddhistische Retreats in Asien und weltweit)*
- ***The Retreat Association,*** *www.retreats.org.uk (Retreats im UK)*
- ***Vipassana Meditation,*** *www.dhamma.org (Vispassana-Organisationen weltweit)*
- ***The Retreat Company,*** *www.theretreatcompany.com (Retreats weltweit)*
- ***Retreats International,*** *www.retreatsintl.org (Reatreats in den USA)*
- ***Places To Be,*** *www.places-to-be.com (Suchmaschine für Retreats)*
- ***Sivananda Yoga Vedanta Centers,*** *www.sivananda.org/locations/ashrams.html (Liste der weltweiten Ashrams dieser Organisation)*
- ***Gemeinde Taizé,*** *www.taize.fr/de (internationale ökumenische Gemeinschaft in Frankreich, die Treffen für Jugendliche und Erwachsene durchführt)*

Gemeinschaften und Ökodörfer

Auch ein Aufenthalt in einem Ökodorf kann eine interessante Horizonterweiterung bringen. Viele Gemeinschaften nehmen gerne Besucher auf, die sich entweder finanziell oder per Mithilfe für die Gastfreundschaft revanchieren können.

Da in Gemeinschaften oft sehr bewusst bis strikt gelebt wird, sollte man sich am besten vor dem Aufenthalt genau erkundigen, welche Bedingungen einen vor Ort erwarten. Außerdem kann bei der Auswahl einer passenden Gemeinschaft interessant sein, welche speziellen Projekte das Ökodorf verfolgt.

- ***eurotopia,*** *www.eurotopia.de (Verzeichnis von Gemeinschaften und Ökodörfern in Europa)*
- ***GEN-Europe e. V.,*** *www.gen-europe.org (Netzwerk von Ökodörfern in Europa, Afrika und dem Nahen Osten)*
- ***Global Ecovillage Network,*** *http://gen.ecovillage.org (Ökodörfer weltweit)*
- ***Intentional Communities,*** *www.ic.org (Gemeinschaften weltweit)*

028lr Abb.: hb

Reisevorbereitung

Visum

Für die Einreise in etliche Länder braucht man – besonders wenn man einen längeren Aufenthalt plant – ein Visum. Ob das anvisierte Land ein Visum verlangt und wie ein solches beantragt werden kann, erfährt man bei der jeweiligen ↗Botschaft bzw. Landesvertretung. Wenn man mehrere Länder bereisen möchte, ist es eine ziemliche Herausforderung, alle Visa rechtzeitig und für den richtigen Zeitraum zu beantragen.

Botschaften auf einen Klick

Das Auswärtige Amt präsentiert auf seiner Website die Botschaften anderer Länder.

www.auswaertiges-amt.de ➞ Auslandsvertretungen ➞ Vertretungen fremder Staaten

Bei der Botschaft muss man sich auch genau erkundigen, welche Visamodalitäten (z. B. Anzahl der möglichen Einreisen, Gültigkeitsdauer, Aufenthaltsdauer, Einreiseweg) gelten und welche **Unterlagen** zur Beantragung eingereicht werden müssen.

0291r Abb.: hb

▶ *An der Grenze müssen alle Formalitäten stimmen*

Dies sollte bereits mehrere Monate vor Reisebeginn passieren.

Manche Länder erteilen Touristen ein Visum auch direkt bei der Einreise am Flughafen, seltener bei der Einreise über eine Landgrenze. In vielen Fällen kann das Visum auch während des Reiseverlaufs in einem Nachbarland beantragt werden.

Visaagenturen
Wer bei der Visabeantragung auf Nummer sicher gehen will oder es besonders eilig hat, kann sich natürlich auch an eine Visaagentur wenden.

- *www.visumdirekt.de*
- *www.visum-centrale.de*
- *www.visum-express.de*

Der Reisepass
Für die Visabeantragung ist ein gültiger Reisepass unerlässlich.

- ***Gültigkeitsdauer.*** *In den Einreisebestimmungen ist meist vorgeschrieben, dass der Reisepass ab der geplanten Einreise und über das beabsichtigte Reiseende hinaus noch einige Monate gültig sein muss.*
- ***Leere Seiten.*** *Auf ausreichend freie Seiten im Pass für Visaeinträge, Stempel usw. ist zu achten – besonders, wenn man mehrere visumpflichtige Länder bereisen will.*
- ***Bereits vorhandene Sichtvermerke.*** *Einige Passeinträge können aus politischen oder gesundheitsvorsorglichen Gründen zu Schwierigkeiten bei der Visumerteilung oder Einreise in bestimmte Länder führen. Das betrifft z. B. Stempel des Landes Israel. Wer sich unsicher ist und keine Infos einholen kann, sollte lieber einen neuen Pass oder auch einen Zweitpass beantragen (gibt es aber nur in Ausnahmefällen, wenn ein berechtigtes Interesse nachgewiesen werden kann).*
- *Das **Passfoto** kann wichtiger sein, als man denkt. Neben der Einhaltung formaler Anforderungen (Frontalaufnahme, neutraler Gesichtsausdruck, keine Abdeckung der Gesichtsfläche) sollte es auf den Konsulats- oder Grenzbeamten einen seriösen Eindruck machen.*

Gültigkeitsdauer und Aufenthaltsdauer

- *Die Gültigkeitsdauer des Visums ist der Zeitraum zwischen Visumausstellung und Einreisetag. Viele Visa gelten direkt ab dem Tag der Ausstellung, sodass man das Visum nicht allzu zeitig beantragen muss bzw. um eine passende Gültigkeitsdauer bitten sollte.*
- *Die Aufenthaltsdauer ist der Zeitraum zwischen dem Einreise- und dem Ausreisetag. In manchen Fällen ist die erlaubte Aufenthaltsdauer länger, wenn man das Visum bereits im Vorfeld beantragt und nicht erst bei der Einreise.*

Ab- und Ummeldungen

Damit man kurz vor der Abreise keine Zeitprobleme bekommt, sollte man rechtzeitig mit der Vorbereitung des Auslandsaufenthaltes beginnen. Ein **halbes Jahr Vorlauf** ist angemessen. Am besten schreibt man sich alle wichtigen Punkte auf, um bei der Zeitplanung nicht den Überblick zu verlieren. Die in den folgenden Kapiteln behandelten Themen sollten auf der Liste der zu erledigenden Dinge nicht fehlen.

Abonnements

Um unnötige Mehrausgaben während des Auslandsaufenthaltes zu vermeiden, sollte man die laufenden Kosten zu Hause auf ein Minimum reduzieren. Dazu gehört natürlich auch die Kündigung aller unnötigen Abonnements. Das können Abos für Zeitungen und Zeitschriften oder öffentliche Verkehrsmittel, aber auch Mitgliedschaften (z. B. im Fitnessstudio) sein. Ein Blick auf die Kontoauszüge hilft, die zusätzlichen Kostenquellen aufzudecken. Über die **Kündigungsfristen** informiert man sich in den Vertragsunterlagen. Da sie oft drei Monate betragen, darf man mit der Kündigung nicht trödeln. Zum Teil sind auch Vertragsunterbrechungen für den Zeitraum des Auslandsaufenthaltes möglich. Sollte es Probleme geben, kann man sich an eine Verbraucherzentrale wenden. Die helfen bei der korrekten Formulierung der Kündigung und kennen das eine oder andere Vertragsschlupfloch.

- *www.verbraucherzentrale.de*

Auto, Motorrad

Man kann sich natürlich von seinem fahrbaren Untersatz trennen und damit die Reisekasse aufbessern. Wird allerdings nach dem Auslandsaufenthalt wieder ein Fahrzeug benötigt, zahlt man für ein vergleichbares meist drauf. Eine Lösung wäre eine **Ruheversicherung:** Die Beitragszahlung wird eingestellt, der Vertrag verlängert sich um die Zeit der Abwesenheit und wenn man gewisse Auflagen erfüllt, werden trotzdem weiterhin Haftpflicht- und einige Teilkaskoschäden gedeckt.

Man kann das Fahrzeug für die Zeit des Auslandsaufenthalts auch einer Vertrauensperson überlassen. Dazu muss die Versicherungslage wegen möglicher Unfälle und Schäden genau geklärt werden.

Bank

Dank **Online-Banking** kann man heutzutage seine Bankangelegenheiten fast überall auf der Welt per Internet regeln. Meldet man sich bei seiner Bank dafür an, erhält man eine TAN-Liste. Durch diese Transaktionsnummern, die jeweils einen Buchungsvorgang ermöglichen, und das persönliche Passwort zum Einloggen wird eine hohe Sicherheit der Transaktionen gewährleistet. Einige Banken haben sich auf Online-Banking spezialisiert, bieten Girokonten ohne Grundgebühr und trotzdem einen gleichwertigen Service wie die örtlichen Banken inklusive Kreditkarten. Natürlich ist in Internetcafés immer vorsichtig mit persönlichen Daten umzugehen.

Wem das Online-Banking von unterwegs doch zu heikel ist, der vertraut einer **Kontaktperson** zu Hause per Vollmacht das Bankkonto an oder ermöglicht ihr den Zugang zum Online-Banking. Außerdem kann man der Kontaktperson die Kontoauszüge (kostenpflichtig) zuschicken lassen.

Vor der Abreise sollte man sicherstellen, dass das Konto gedeckt ist und auch genug Geldreserven vorhanden sind, um sowohl die Reisekosten als auch die evtl. laufenden Fixkosten zu Hause (Miete, Nebenkosten, Versicherungen) zu bestreiten. Daueraufträge bzw. Einzugsermächtigungen überprüft und aktualisiert man in diesem Zusammenhang am besten noch mal.

Einwohnermeldeamt

Im Melderechtsrahmengesetz ist verankert, dass man sich bei der Meldebehörde abmelden muss, wenn man aus einer Wohnung auszieht und keine neue Wohnung im Inland bezieht. Die **Abmeldung** erfolgt über das zuständige Einwohnermeldeamt bzw. Bürgeramt. Man erhält dazu einen grünen Abmeldeschein, den man gut aufbewahren muss. Ist man abgemeldet und läuft die Gültigkeit des Personalausweises ab, kann man – solange man sich im Ausland aufhält – keinen neuen beantragen. Man hat sich dann mit dem Reisepass auszuweisen, den man in der zuständigen Botschaft oder im Konsulat im Ausland auch neu beantragen kann. Von dort kann man beispielsweise auch seine Wahlunterlagen erhalten.

Wenn man nicht länger als ein Jahr unterwegs ist und noch dazu an wechselnden und zum Teil nicht vorhersehbaren Orten, ist es aber evtl. besser, in Deutschland **gemeldet zu bleiben.** Man kann sich dann z.B. auf die Adresse der Eltern oder guter Bekannter ummelden. Im Normalfall haben die Meldebehörden mit dieser Regelung kein Problem und plädieren auf „Bürgernähe" – aber man kann bei der zuständigen Dienststelle noch mal konkret nachfragen. Meldet man sich auf eine andere Adresse um, werden dorthin die Lohnsteuerkarte und ggf. auch Wahlbenachrichtigungen geschickt. Man kann aus dem Ausland per **Briefwahl** seine Stimme abgeben, indem man beim zuständigen Wahlbüro die Zusendung der Unterlagen an die Auslandsadresse (postlagernd geht auch) anfordert.

GEZ

Wenn man der Gebühreneinzugszentrale den Auslandsaufenthalt mitteilt, kann die Beitragszahlung für Rundfunk-, Fernseh- und Internet-PC-Gebühren unterbrochen werden. Ein standardisiertes **Abmeldeformular** gibt es auf der Website der GEZ zum Ausfüllen und Ausdrucken. Eine formlose schriftliche Nachricht, dass man sich im Ausland befindet, tut es aber auch.

- *www.gez.de*

Hab und Gut

Die Reisevorbereitung bietet die günstige Gelegenheit, sein Leben bzw. seine Habseligkeiten ein bisschen zu entrümpeln. Einiges kann man sogar noch zu Geld machen, wenn man es in **Secondhand-Läden** bringt, bei eBay versteigert oder auf dem Flohmarkt anbietet. Ein schönes Gefühl hinterlässt es, wenn man Sachen einfach verschenkt bzw. spendet. Für alles, was man aufbewahren will, findet man möglichst einen trockenen Dachboden. Möbel kann man aber auch bei Speditionen einlagern.

Spenden
Mittlerweile gibt es in vielen größeren Städten Oxfam-Shops. In den Geschäften der internationalen Hilfsorganisation kann man Überflüssiges spenden. Vom Verkaufserlös werden Hilfsprojekte finanziert.
● *www.oxfam.de*

Post

Mit dem **Nachsendeservice** der Deutschen Post kann man seine Briefe an eine Kontaktperson weiterleiten lassen. Die Post berechnet für diesen Nachsendeservice für Privatkunden etwa 14,80 € für 6 Monate und 24,80 € für 12 Monate. Es wird auch ein **Lagerservice,** d.h. das Aufbewahren bei der Post, angeboten. Freunden und Institutionen sollte man die Adresse der Kontaktperson mitteilen.

● *Weitere Hinweise zum Nachsendeservice der Post gibt es unter www.efiliale.de/nachsendeservice. Dort kann man Nachsendeaufträge gleich online ausfüllen und außerdem Umzugstipps über den Umzugsratgeber abrufen. Den telefonischen Kundenservice der Deutschen Post erreicht man unter 01802 3333.*

Telefon und Internet

Gibt man seine Wohnung auf, meldet man den **Telefonanschluss** natürlich ab. Aber eine Abmeldung kann auch infrage kommen, wenn man die Grundgebühr für die Monate der Abwesenheit sparen will. Der Anschluss kann bei der Telekom jederzeit im Rahmen der geltenden Kündigungsfristen gekündigt werden. Die Kündigung ist kostenfrei. Es empfiehlt sich, bei der Kündigung die Neuanmeldung (Wiederinbetriebnahme) gleich mit zu beantragen. Die Neuanmeldung kostet ca. 60 €. Die vorhandene Rufnummer bleibt dabei auf jeden Fall erhalten. Aber auch für den Fall, dass man aus seiner Wohnung auszieht, kann man die bisherige Rufnummer bis zu 6 Monate reservieren und dann nach der Neuanmeldung des Anschlusses (natürlich nur in demselben Ortsnetz) wieder aktivieren lassen. Wer seine Wohnung untervermietet, erspart sich praktischerweise das teure Ummelden auf den Untermieter und lässt ihn die fortlaufenden Rechnungen zahlen.

Wenn der Telefonanschluss über einen privaten Telekommunikationsanbieter läuft, sollte man sich dort genau über die An- und Abmeldemodalitäten informieren. Das gleiche gilt auch für **Internet-Provider** und einen eventuell vorhandenen **DSL-Anschluss.**

Da man sein **Handy** oftmals auch im Ausland nutzen kann, sollte man es ruhig auf die Reise mitnehmen. Allerdings wird man unterwegs kaum teure Gespräche über den heimischen Anbieter führen wollen, sodass es nicht günstig ist, kurz vor Reisebeginn noch einen neuen Handyvertrag abzuschließen. Eine Beendigung des Vertrages ist meist nicht möglich, eine Unterbrechung für einen gewissen Zeitraum klappt auch nicht in jedem Fall. Denkbar ist, den Vertrag für den Zeitraum des Auslandsaufenthaltes auf eine andere Person zu Hause zu übertragen.

- *weitere Informationen der Telekom unter der Telefonnummer 0800 3301000 und über die Website www.telekom.de*

Wehr- und Zivildienst

Männer sind vom vollendeten 18. Lebensjahr an wehrpflichtig. Diese Pflicht gilt auch, wenn man sich im Ausland aufhält. Männliche Personen, die ihren Wehr- bzw. Ersatzdienst noch nicht geleistet haben, müssen daher (nach Vollendung des 17. Lebensjahres) eine **Genehmigung** des zuständigen Kreiswehrersatzamtes einholen, wenn sie Deutschland länger als drei Monate verlassen. Nur mit dieser Genehmigung ruht die Wehrpflicht für den Zeitraum des Auslandsaufenthaltes.

- *www.kreiswehrersatzamt.de*

Zivildienst im Ausland

Als Alternative zum Zivildienst in Deutschland kann man den Dienst auch im Ausland ableisten. Nähere Infos gibt es z. B. unter:

- *www.adia.de*
- *www.dienst-im-ausland.de*
- *www.zivi.org*
- *www.ziviausland.de*

Wohnung

Es gibt mehrere Lösungsmöglichkeiten für die Frage, was man mit seiner Bleibe während des Auslandsaufenthaltes macht. Unter Umständen ist die **Wohnungsauflösung** die beste Variante. Wenn man über einen langen Zeitraum (1 Jahr oder länger) reist, spart man natürlich reichlich Miete. Ist nach der Rückkehr aus dem Ausland vielleicht sowieso ein Umzug geplant (z.B. durch Berufswechsel), lohnt sich die Mühe, alles auf- und auszuräumen, aufzulösen, Unterstellmöglichkeiten für Möbel und Habseligkeiten zu suchen und sich nach der Rückkehr auf Schlafplatz- und Wohnungssuche zu machen.

Wenn man seine Wohnung behält, erspart man sich diesen ganzen Stress. Allerdings muss man die Miete finanzieren, die unbewohnte bzw. leer stehende Wohnung gut sichern und – vor allem in Hinblick auf die Funktionalität der technischen Einrichtungen – regelmäßig kontrollieren lassen. Für die Zeit der Abwesenheit kann auch ein Haushüter engagiert werden – aber der kostet.

Eine günstige Möglichkeit ist die **Untervermietung** der Wohnung. Mit etwas Glück findet man im Freundeskreis jemanden, dem man die Räume guten Gewissens anvertrauen kann und der sich dann idealerweise gleich um die Grünpflanzen und evtl. vorhandene Haustiere kümmert. Man kann aber auch in Zeitungen, über das Internet oder das schwarze Brett der Unis suchen.

In jeder größeren Stadt gibt es außerdem **Mitwohnzentralen,** die Untermieter vermitteln. Wichtig ist, dass man zum Untervermieten das Einverständnis des Vermieters einholt. Dieses und natürlich auch der Untermietvertrag mit dem neuen Bewohner sollte schriftlich festgehalten werden. Dem Vermieter hinterlässt man seine E-Mail-Adresse oder die Anschrift einer Kontaktperson, denn man muss für ihn schriftlich erreichbar sein. Man sollte sich auch vergewissern, dass der Untermieter eine Haftpflichtversicherung hat. Diese haftet, wenn Schäden am Mobiliar in der untervermieteten Wohnung entstehen.

Kündigung des Mietvertrages

Vor der Entscheidung unbedingt den Mietvertrag genau anschauen - die Kündigungsfrist (in der Regel drei Monate) muss beachtet werden und teilweise ist man verpflichtet, die Wohnung vor dem Auszug zu renovieren.

- *www.mitwohnzentrale.de*
- *www.wohngemeinschaft.de*
- *www.wg-gesucht.de*
- *www.wg-welt.de*
- *www.zwischenmiete.de*
- *www.haushueter.org*

Versicherungen

Viele Versicherungsgesellschaften bieten für Urlaubsreisen bzw. Auslandsaufenthalte **Rundum-Pakete** an. Darin sind meist neben einer Auslandsreise-Krankenversicherung auch Unfall-, Haftpflicht-, Reisegepäck-, Rechtsschutzversicherung u. Ä. enthalten. Da man in der Regel bereits eine Haftpflicht-

(die meist weltweit gilt) und auch eine Unfallversicherung hat, sollte genau überlegt werden, welche Risiken noch abgesichert werden müssen. Ein Paket ist dann wenig sinnvoll, wenn Doppelversicherungen entstehen. Die einzelnen Versicherungen, die während der Reise wichtig sind bzw. zu Hause weiterlaufen, werden im Folgenden besprochen.

Auslandsreise-Krankenversicherung

Wie bereits im Kapitel „Kranken- und Pflegeversicherung" (s. S. 29) erwähnt, sollte eine Auslandsreise-Krankenversicherung unbedingt abgeschlossen werden. Selbst dann, wenn man weiterhin bei der heimischen Krankenkasse versichert ist – schon allein wegen eines evtl. notwendigen **Rücktransports,** den die Krankenkasse nicht bezahlt.

030lr Abb.: jk

▶ *Wer Bungeejumping machen will, sollte gut versichert sein*

Informationen zu Auslandsreise-Krankenversicherungen

Versicherungen und Versicherungsmakler, die Versicherungsschutz bei längeren Auslandsaufenthalten anbieten sind z. B.:

- ***HanseMerkur Reiseversicherung AG,*** *www.hmrv.de*
- ***Europäische Reiseversicherung AG,*** *www.erv.de*
- ***Dr. Walter GmbH,*** *www.reiseversicherung.com*
- ***Deutsche Krankenversicherung,*** *www.dkv.com*
- ***praktika.de,*** *www.praktika.de/cms/Auslandskrankenversicherung.871.0.html*
- ***STEP IN Versicherung,*** *www.step-in.de*
- ***ADAC,*** *www.adac.de*

Allgemeine Hinweise gibt es beispielsweise bei:

- ***Deutsche Verbindungsstelle Krankenversicherung – Ausland*** *(DVKA), www.dvka.de*
- ***Verband der Privaten Krankenversicherung*** *(PKV), www.pkv.de*

Welcher Versicherer im Hinblick auf die eigenen Ansprüche das beste Angebot hat, lässt sich nur durch sorgfältiges Studieren der Versicherungskonditionen und Vergleichen herausfinden. Zu beachten ist, dass die üblichen Jahrespolicen, die recht preiswert z. B. im Reisebüro angeboten werden, nur für Auslandsaufenthalte **bis max. 6 Wochen** gelten und daher bei einem längeren Auslandsaufenthalt keinen ausreichenden Versicherungsschutz bieten. Unter anderem ist auch zu klären, ob besondere Aktivitäten wie Extremsportarten versichert sind. Auch wenn man im Ausland arbeitet, gewähren nicht alle Anbieter Versicherungsschutz. Außerdem muss sichergestellt werden, dass **Vorerkrankungen** in den

Vertrag mit eingeschlossen werden und versichert sind. Günstig ist es auch, wenn man die Versicherung unterwegs verlängern kann und keine neue abschließen muss, wenn die Reise länger dauert als geplant. Sollte die vereinbarte Versicherungsdauer durch einen Krankheitsfall überschritten werden müssen, ist wichtig, dass der Patient durch eine möglichst lange Nachleistungspflicht weiter versichert bleibt.

Unfallversicherung

Man ist grundsätzlich mit dem Abschluss einer Unfallversicherung gut beraten. Hat man bereits eine Versicherungspolice, die üblicherweise weltweit gilt und tariflich in der Regel günstiger ist als ein spezielles Angebot für den Auslandsaufenthalt, ist ein weiterer Abschluss überflüssig. Allerdings sollte man – genau wie bei einem Neuabschluss für die Reise – darauf achten, welche Risiken versichert sind. Einige Gesellschaften bieten z. B. bei der Ausübung von bestimmten Sportarten oder Ballonfahrten keine Deckung.

Haftpflichtversicherung

Bezüglich seiner Haftpflichtversicherung muss man sich beim Versicherer erkundigen, ob sie **weltweiten Versicherungsschutz** beinhaltet. Da dies in den meisten Fällen zutrifft, braucht man keine zusätzliche Absicherung.

Hausratversicherung

Der Hausratversicherer ist zu informieren, wenn die Wohnung länger als 60 Tage unbewohnt ist, sonst kann er im Schadensfall die Zahlung verweigern. Aber auch, wenn die Räume z. B. untervermietet werden, sollte man das der Versicherung mitteilen, da dadurch Änderungen in der Versicherungspolice anfallen könnten. Bei einer **Wohnungsauflösung** kann die Versicherung gekündigt werden.

Über die **Außenversicherung** sind persönliche Gegenstände auch dann versichert, wenn sie sich vorübergehend nicht in der Wohnung befinden. Allerdings gibt es bezüglich des Versicherungsschutzes etliche Einschränkungen. So dürfen sich die Sachen maximal drei Monate außerhalb der Wohnung befinden, die Entschädigungsgrenze beträgt 10 % der Versicherungssumme, Schäden durch Sturm und Hagel sind nur versichert, wenn sich die Sachen innerhalb eines Gebäudes befinden und auch bei Schäden durch Einbruchdiebstahl müssen bestimmte Voraussetzungen erfüllt sein.

Reisegepäckversicherung

Wer sich für ein Rundum-Paket eines Versicherers entscheidet, hat eine Reisegepäckversicherung meist inklusive. Aber selbst mit einer solchen ist das Reisegepäck **nicht gegen jedes Risiko abgesichert.** So sind beispielsweise teure technische Aus-

◀ *Auch mit Reisegepäckversicherung muss man auf sein Gepäck gut aufpassen*

rüstungsgegenstände wie Foto- oder Videokamera nicht automatisch in den Versicherungsvertrag eingeschlossen und müssen extra versichert werden. Und nicht jeder Schadensfall ist durch die Versicherungsbedingungen gedeckt. Leicht kann die Zahlung von Versicherungsleistungen mit dem Vorwurf der Fahrlässigkeit abgelehnt werden. Außerdem liegt der Versicherungszeitraum in der Regel weit unter einem Jahr. Daher sollte man genau überlegen, ob sich der Abschluss einer speziellen Reisegepäckversicherung lohnt.

Wer seine Hausratversicherung behält, hat evtl. im Rahmen des **Außenversicherungsschutzes** (s. Kap. „Hausratversicherung“ S. 92) eine weltweite Deckung für Gegenstände des Hausrats.

Broschüre „Reisen ohne Risiko“

Die Informationsbroschüre zu wichtigen Versicherungen rund um den Urlaub kann man über ZUKUNFT klipp + klar, das Informationszentrum der deutschen Versicherer, bestellen oder als PDF downloaden.

● *www.klipp-und-klar.de*

Lebensversicherung, Altersvorsorge, Sparverträge

Die laufenden Kosten einer vorhandenen Lebensversicherung können während des Auslandsaufenthaltes ganz schön auf den Geldbeutel drücken. Allerdings ist eine Kündigung der Lebensversicherung, nur um in der Reisezeit die Versicherungsbeiträge zu sparen, nicht ratsam. In der Regel verbleiben die eingezahlten Beiträge in den ersten Jahren nämlich beim Versicherer. Die **Versicherungsbedingungen** geben genaue Auskunft über den Verbleib des eingezahlten Kapitals und den eventuellen Rückkaufwert. Meist kann man mit dem Versicherer eine **Stundung der Beiträge** oder ein Ruhenlassen des Vertrags vereinbaren, wenn man sich die vollen Beiträge für eine Weile nicht leisten kann oder will. Es besteht dann immer noch eine Versicherung des Todesfallrisikos. Allerdings kann bei geringeren Beitragszahlungen kaum Kapital angespart werden, was sich bei der späteren Auszahlungssumme erheblich bemerkbar macht. Deshalb sollte man sich von der Versicherung genau ausrechnen lassen, wie sich eine Änderung der Beitragszahlung auf die spätere Gesamtsumme auswirken würde. Sonst kann es schnell passieren, dass man am falschen Ende spart.

Auch bei anderen Verträgen ist rechtzeitig zu klären, inwieweit Beitragszahlungen ausgesetzt bzw. verringert werden können und welche Auswirkungen das auf das Sparziel hat.

Steuern

Wer bei der Terminierung des Auszeitbeginns flexibel ist, sollte ihn bei einer einjährigen Auslandsreise nach Möglichkeit in die Jahresmitte legen. Das Verfassen einer **Einkommenssteuererklärung** lohnt sich dann auf alle Fälle. Denn dadurch, dass man nur ein halbes Jahr gearbeitet und somit Einkünfte hatte und die andere Jahreshälfte nicht, kann man aufgrund des geringen Jahreseinkommens einen Teil der bereits gezahlten Lohnsteuer zurückerhalten. Sogar eventuell gezahlte Kapitalertragssteuern kann man vom Finanzamt zurückholen, wenn man in einem Steuerjahr keine Einkünfte hatte bzw. unter dem gesetzlichen Grundfreibetrag (2007: 7664 Euro/Jahr) geblieben ist. Wer keine Rückzahlung vom Finanzamt erwartet, kann die Steuererklärung aber auch sein lassen und muss sich vor dem Auslandsaufenthalt bzw.

Infos rund ums Thema Steuern

Auf der Portalseite der Finanzverwaltungen der Länder und des Bundes kann man sich zu seinem zuständigen Finanzamt durchklicken, Vordrucke für Steuererklärungen aufrufen, sich über die elektronische Steuererklärung ELSTER informieren und Termine und Fristen zur Abgabe von Steuererklärungen einsehen.

- *www.finanzamt.de*

währenddessen nicht damit belasten. Zu einer Erklärung verpflichtet ist man nur, wenn man Arbeitslosengeld bezieht oder ein Zusatzeinkommen, das noch nicht versteuert wurde. Will oder muss man sie machen, so kann man beim zuständigen Finanzamt eine Verlängerung der Abgabefrist beantragen, falls man die Erklärung aufgrund des Auslandsaufenthaltes nicht fristgerecht abliefern kann. Grundsätzlich ist es ratsam, sich vor der Auszeit beim Bürgerbüro des zuständigen Finanzamtes zu erkundigen, was aufgrund der vorübergehenden Abwesenheit zu beachten ist. Wurde man beispielsweise zu Vorauszahlungen verpflichtet, sollte sichergestellt werden, dass man für das Finanzamt erreichbar ist.

Solange man in Deutschland einen Wohnsitz oder seinen gewöhnlichen Aufenthalt hat, ist man nach § 1 Absatz 1 Satz 1 des Einkommensteuergesetzes (EStG) unbeschränkt einkommensteuerpflichtig. Unbeschränkt steuerpflichtig zu sein bedeutet, dass man alle Einkünfte, die man im Ausland hat, in Deutschland versteuern müsste. Allerdings kann auch das Land Steuern erheben, in dem man arbeitet (Tätigkeitsstaat). Um eine doppelte Steuerzahlung zu vermeiden, hat die Bundesrepublik Deutschland mit knapp 90 Ländern sogenannte ↗**Doppelbesteuerungsabkommen** geschlossen. Diese bilateralen Abkommen können von Land zu Land recht unterschiedliche Inhalte haben. Wer im Ausland arbeiten will, sollte sich deshalb rechtzeitig über die steuerlichen Gegebenheiten im Zielland, über das deutsche Recht und mögliche Doppelbesteuerungsabkommen informieren. Wichtig ist auch, sich im Ausland zuerst bei der örtlichen Steuerbehörde anzumelden, bevor man die Arbeit aufnimmt.

Doppelbesteuerungsabkommen (DBA)

Das Bundesministerium der Finanzen liefert auf seiner Website unter dem Stichwort „Internationales Steuerrecht" ausführliche Informationen zu den zwischenstaatlichen Doppelbesteuerungsabkommen.

- *www.bundesfinanzministerium.de*

Das Thema Steuern kann sehr komplex und kompliziert sein, sodass man auf jeden Fall fachmännische Beratung einholen sollte. Ein **Steuerberater** mit Erfahrung im internationalen Steuerrecht kann einem sicherlich helfen, die Zahlung von unnötigen Steuern zu verhindern.

Internationale Steuern

- *www.taxsites.com/international.html (Informationen zu internationalen Steuerregelungen)*
- *www.taxback.com (Steuerrückerstattungsservice für Auslandstätige)*

Kontaktpersonen

Damit man mit ruhigem Gewissen losfahren kann, während des Auslandsaufenthaltes über wichtige Ereignisse aus der Heimat auf dem Laufenden gehalten wird und jemand zu Hause unvorhergesehene Dinge regeln kann, sollte ein Familienmitglied oder ein guter Bekannter zur Kontaktperson bestimmt werden. Diese Kontaktperson übernimmt die Durchsicht der Post (evtl. die Post per Nachsendeauftrag direkt an die Kontaktperson schicken lassen) und wird mit **Vollmachten** ausgestattet, z.B. für Post, Bank und Ämter. Man kann Vollmachten auch blanko vorbereiten und schon unterschreiben. Außerdem hinterlässt man bei der Kontaktperson Kopien der Reisedokumente, die Dokumenten- und Ausrüstungsliste und ermöglicht ihr Zugriff auf persönliche Unterlagen wie Versicherungsverträge und Bankdokumente. Am besten gibt man der Person eine Liste mit konkreten Ansprechpartnern bei Banken, Versicherungen usw. und informiert diese

032lr Abb.: © Josef Muellek - Fotolia.com

▲ *Wie gut, wenn man die Kontaktperson zu Hause bei Problemen anrufen kann*

Institutionen auch über den Auslandsaufenthalt und die Kontaktperson.

Vor der Abreise sollte man schon einmal in Ruhe besprechen, was im Falle des Verlustes von Geld oder Ausweisen getan werden muss, wie am besten Geldmittel ins Ausland überwiesen (s. Exkurs „Geldnachschub unterwegs“ S. 102) oder Waren nachgeschickt werden können.

Eventuell ermöglicht man der Kontaktperson auch den Zugang zum eigenen Konto, um dringende Geldangelegenheiten regeln zu können. Wer das nicht möchte, kann auch ein spezielles Konto, auf das die Person dann Zugriff hat, neu einrichten und angemessen „füllen“.

Wer niemanden kennt, der die Aufgaben als Kontaktperson übernehmen könnte bzw. niemanden damit belasten will, kann sich professioneller Hilfe in Form eines ↗**Reiseservices** bedienen. Hier werden individuelle Pakete für Reisende angeboten und wer entsprechend zahlt, dem wird sogar eingescannte Post zugemailt oder ein Rückkehrservice inklusive Wohnungsreinigung und Kühlschrankbefüllung angeboten.

Professioneller Reiseservice
- *Infos z. B. unter www.ausstieg-auf-zeit-service.de und www.haushueter.org*

Familien- und Bekanntenkreis
Man sollte Verwandte und Bekannte rechtzeitig über die Reisepläne informieren. Schließlich wirkt sich eine längere Abwesenheit auf die sozialen Beziehungen aus. Daher ist es wichtig, dass man seine Motive erklärt und für Verständnis wirbt, besonders auch mit der Familie über Konsequenzen der Auszeit spricht und sicherstellt, dass man im Notfall für die Angehörigen erreichbar ist.

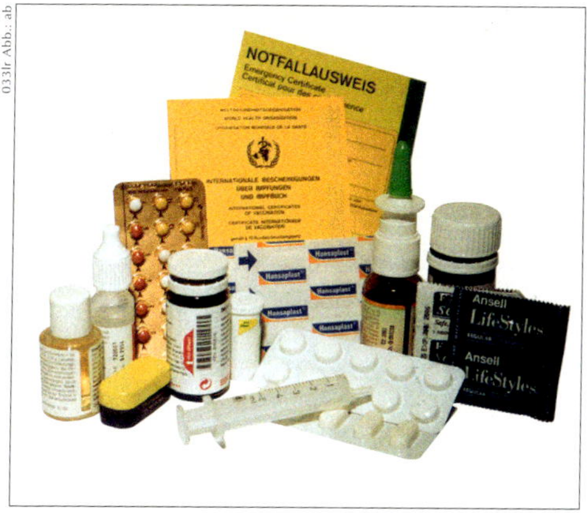

0331r Abb.: ab

Eine kleine Reiseapotheke im Gepäck kann nie schaden

Gesundheits-Check

Vor der Reise ist ein Gesundheits-Check beim Arzt empfehlenswert, ebenso die Ausstellung eines Nothilfepasses und eines internationalen Impfausweises – falls noch nicht vorhanden. Nicht vergessen werde sollte auch der **Zahnarztbesuch** – schon allein, um sich den Stempel im Bonusheft zu holen.

Welche besonderen medizinischen Vorkehrungen für die Reise getroffen werden müssen, hängt natürlich stark vom Reiseziel und den dortigen Gegebenheiten in Bezug auf Hygiene und Krankheitserreger ab. Ob bzw. welche **Impfungen** zur Reisevorbereitung nötig oder sogar vorgeschrieben sind, kann man beim Hausarzt oder bei einem Tropeninstitut erfahren. Außerdem liefert der Gesundheitsdienst des Auswärtigen Amtes

Medizinische Informationen aus dem Internet

- ***Reise-Gesundheits-Service Travelmed,*** *www.travelmed.de*
- ***Deutsche Gesellschaft für Tropenmedizin und Internationale Gesundheit e. V.,*** *www.dtg.org*
- ***Infoservice des Tropeninstitutes München,*** *www.fitfortravel.de*

Gesund bleiben!

Die ganze gründliche Vorbereitung nützt nichts, wenn man auf Reisen unachtsam mit seiner Gesundheit umgeht. Ein paar grundlegende Regeln der Gesundheitshygiene sollten unterwegs immer beachtet werden wie beispielsweise das Abkochen bzw. Filtern von Wasser in manchen Reisegebieten, das Vermeiden von Insektenstichen und Tierbissen, der Schutz vor Geschlechtskrankheiten, das allmähliche Akklimatisieren, eine vernünftige Auswahl und Zubereitung von Nahrungsmitteln und Vorsicht beim Sonnenbaden.

(www.auswaertiges-amt.de) liefert umfangreiche Informationen zum Thema Reisen und Gesundheit. Mit der Vervollständigung des Impfschutzes sollte rechtzeitig begonnen werden, da bei manchen Impfungen bestimmte zeitliche Abstände bzw. Reihenfolgen zu beachten sind.

Natürlich hat man sich ausreichend mit solchen **Medikamenten** einzudecken, die man regelmäßig einnehmen muss. Damit es beim Zoll keine Probleme gibt, sollten Kopien der Rezepte für Medikamente mitgeführt werden, ebenso die Kontaktdaten des Hausarztes und ggf. auch ein Schreiben des Arztes, warum beispielsweise Spritzen mitgeführt werden müssen.

Eine kleine **Reiseapotheke** mit den üblichen Medikamenten gegen Durchfall, Schmerzen etc., Jodtinktur zum Desinfizieren von Wunden, Pflaster usw. ist immer hilfreich.

Auch ein Auffrischungskurs zum Thema **„Erste Hilfe“** kann als Reisevorbereitung nicht schaden. Informationen zu solchen Kursangeboten gibt es beispielsweise beim örtlichen Deutschen Roten Kreuz (www.drk.de).

Ausweise, Dokumente und Geld

Internationale Ausweise und Papiere

Der Reisepass darf natürlich im Gepäck nicht fehlen (s. dazu auch Kap. „Visum" S. 80). Auch ein internationaler **Führerschein** sollte auf die Reise mitgenommen werden. Er wird vom Ordnungsamt ausgestellt. Für die Beantragung benötigt man den Personalausweis oder Reisepass, ein Passbild und den EU-Führerschein im Scheckkartenformat. Wer den vorweisen kann, bekommt den internationalen Führerschein sofort ausgestellt. Inhaber eines älteren Führerscheinmodells müssen erst den EU-Führerschein beantragen (Wartezeit bis zu 4 Wochen).

Wer mit dem eigenen Auto unterwegs ist, sollte sich bei seinem Kfz-Haftpflichtversicherer auch eine **Grüne Versicherungskarte** besorgen. Eventuell muss auch ein **Carnet de Passages** besorgt werden, um das Fahrzeug zollfrei in das Reiseland einführen zu können. Für welche Länder das nötig ist und wie das Carnet beantragt werden kann, steht beispielsweise auf der Website des ADAC (www.adac.de).

Außerdem ist ein **internationaler Impfausweis,** den der Hausarzt gegen eine geringe Gebühr ausstellt, ratsam. Falls man vorhat, in Jugendherbergen zu übernachten, kann man sich einen internationalen Jugendherbergsausweis (Hostelling International Card) besorgen (Deutsches Jugendherbergswerk, www.jugendherberge.de).

Wichtige Kopien hinterlegen!

Von allen wichtigen Dokumenten - also Reisepass inkl. Visum, Flugticket, Führerschein, Impfpass, Nothilfepass, Versicherungspolicen usw. - sollten Kopien gemacht werden. Ein Satz Kopien geht mit auf Reisen - separat von den Originalen aufbewahrt. Ein zweiter Satz bleibt zu Hause bei der Kontaktperson. Für den Fall der Fälle ist es auch empfehlenswert, einen Scan dieser Seiten in seinem E-Mail-Postfach zu hinterlegen. Man schickt die Daten einfach als E-Mail-Anhang an seine eigene Adresse und kann dann von unterwegs darauf zugreifen.

Dokumentenliste

Ebenfalls in mehrfacher Ausführung sollte man eine Dokumentenliste erstellen, die alle wichtigen Daten enthält wie z. B.:

- ❑ *Ausweisnummern*
- ❑ *Bankverbindungen*
- ❑ *Geldkartennummern (Geheimzahlen höchstens verschlüsselt, z. B. in einer Telefonnummer, aufschreiben. Benutzt man die Karte der heimischen Bank längere Zeit nicht, kann diese Gedankenstütze sehr hilfreich sein.)*
- ❑ *Nummern der Travellerschecks*
- ❑ *Versicherungspolicennummern*
- ❑ *Karten- und Kundenkontonummer des Handys*
- ❑ *Telefonnummern für Notfälle, Verluste und Versicherungsfälle*
- ❑ *Kontaktdaten der deutschen Botschaften bzw. Konsulate in den zu bereisenden Ländern*

Geldnachschub unterwegs

Das Überweisungssystem der Western Union bietet die Möglichkeit, Geld in über 200 Länder zu transferieren. Einzahlen kann man das Geld in einer Filiale der ReiseBank oder Postbank. Weltweit abrufbar ist der eingezahlte Betrag bereits nach wenigen Minuten und kann in der Regel bei Vorlage eines Ausweises ausgezahlt werden.

- *www.westernunion.com*
- *www.reisebank.de*
- *www.postbank.de*

Wer sich einen internationalen Studentenausweis (www.isic.de) ausstellen lassen kann, sollte das unbedingt tun, denn damit gibt es den einen oder anderen Preisnachlass.

Kreditkarte

Eine Kreditkarte sollte auf alle Fälle mit auf Reisen gehen – am besten eine der am weitesten akzeptierten Visa oder Mastercard. Und zur Sicherheit kann auch die **Mitnahme einer zweiten Karte** einer anderen Marke nicht schaden, falls eine Karte nicht akzeptiert wird, der Magnetstreifen kaputt geht oder eine Karte gestohlen werden sollte. Das Buchen von Flügen und Unterkünften oder das Mieten von Fahrzeugen funktioniert per Kreditkarte in der Regel am unkompliziertesten.

Wechselkurse
Tagesaktuelle Wechselkurse kann man bei www.oanda.com über den Currency Converter abrufen.

EC-/Maestro-Karten

Die Bargeldabhebung vom deutschen Konto per EC-/Maestro-Karte ist in vielen Reiseländern kein Problem. In über einhundert Ländern können die Karten an Geldautomaten und elektronischen Kassen genutzt werden. Welche Länder das konkret sind, steht auf der Internetseite von Maestro: www.maestro.de.

Notfallnummern bei Kartenverlust
- *EC-(Maestro-)Karte: 0180 5021021*
- *Visa Card: 0800 8149100, 001 4105813836 (gratis R-Gespräch aus dem Ausland)*
- *Mastercard: 0800 8191040, 001 6367227111 (aus dem Ausland oder Mobilfunknetz)*
- *www.kartensicherheit.de*

Seit 2005 gibt es in Deutschland außerdem eine einheitliche Notrufnummer zum Sperren von elektronischen Berechtigungen bei Kredit- und Mobilfunkkarten:
- *Tel. 116116*
- *www.sperr-notruf.de*

Bargeld

Wenn man die Möglichkeit hat, sollte man sich bereits vor der Einreise in ein Land etwas Bargeld in der Landeswährung beschaffen, damit man die ersten Ausgaben schon vor der Suche nach einer Bank oder einem Geldautomaten bezahlen kann.

Zusätzlich erweisen sich ein paar kleine **US-Dollar-Scheine** in der Regel als sehr hilfreich. 1-Dollar-Noten eignen sich hervorragend als Trinkgeld, Tauschmittel, Geschenk oder Bezahlung in ganz vielen „inoffiziellen" Situationen. Dollars sind besser geeignet als Euro und die Scheine sollten nach Möglichkeit nicht beschädigt bzw. stark abgegriffen sein, da sie dann oft nicht akzeptiert werden.

Reiseschecks

Travellerschecks, z. B. von American Express oder Thomas Cook sind im Gegensatz zum Bargeld versichert und man bekommt sie in der Regel innerhalb von 24 Stunden ersetzt. Sie werden in den gängigen Währungen ausgestellt. Kleinere Stückelungen sorgen dafür, dass man nie viel Bares einzutauschen und mit sich zu führen braucht.

035lr Abb.: ab

Flugbuchung

Wenn man seine Reise mit dem Flugzeug antritt, kann man bei cleverer Buchung der Flugtickets das eine oder andere Schnäppchen machen. Wichtig ist, sich rechtzeitig zu kümmern und die Angebote gründlich zu vergleichen. (Tipp: Liegt der Flugbeginn in der Nebensaison, sind die Flüge in der Regel billiger. Im Sommer und besonders auch zu Weihnachten zahlt man für das Ticket mehr.)

Sehr beliebt sind die sogenannten **Round-the-World-Tickets** (RWT), die von verschiedenen Fluggesellschaften zu teilweise recht unterschiedlichen Konditionen angeboten werden. Bei der Buchung ist besonders auf die Gültigkeitsdauer (in der Regel 180 Tage, oft auch 365 Tage möglich), die Anzahl der Stopover, die Möglichkeiten der Änderung von Reiseroute und Abflugdaten und die

Günstige Flugangebote
- *www.statravel.de*
- *www.traveloverland.de*
- *www.billiger-reisen.de*
- *www.skyauction.com*
- *www.stornopool.de*

Höhe der damit verbundenen Gebühren zu achten. Informationen dazu findet man bei diversen Anbietern im Internet, direkt bei den Fluggesellschaften oder in guten Reisebüros.

Wer viel mitnimmt, muss unterwegs auch viel tragen …

Reisegepäck

Man braucht für mehrere Monate oder ein Jahr nicht mehr Sachen als für einen ganz normalen dreiwöchigen Urlaub. Außerdem sollte man immer im Hinterkopf haben, dass man das Gepäck manchmal auch tragen muss. (Um das Wäschewaschen kommt man sowieso nicht herum.) Schwer ist vor allem „Papier", also Bücher, Prospekte usw. Daher sollte man nicht allzu viel Lektüre einpacken. Auch bei der Auswahl der Kleidung sollte man darauf achten, dass die Teile nicht viel wiegen – also sich beispielsweise bei Jeanshosen und Wollpullovern einschränken. Die Sachen sollten gut **kombinierbar** und am besten bügelfrei sein und sich auf maximal zwei Waschmaschinenladungen (hell und dunkel) verteilen lassen.

Gepäcklimit

In der Regel liegt das Gepäcklimit der Fluggesellschaften bei 20 kg. Falls es doch ein bisschen mehr sein muss, die schweren Dinge (z. B. Bücher) ins Handgepäck packen. Wenn das Limit für das große Gepäck nicht überschritten wird, muss das Handgepäck meist nicht auf die Waage.

034lr Abb.: ab

Wertsachen

Auf die Mitnahme von **Wertsachen** sollte man möglichst verzichten. Wenn es sich einrichten lässt, nimmt man nur Dinge mit,

Einige Dinge, die im Reisegepäck nicht fehlen sollten

- ❑ *Taschenlampe*
- ❑ *Taschenmesser (nicht ins Handgepäck!)*
- ❑ *Wecker bzw. Armbanduhr (oder Handy, wenn man Gelegenheit hat, die Akkus regelmäßig zu laden) mit Weckfunktion*
- ❑ *Nagelschere und Pinzette (nicht ins Handgepäck!)*
- ❑ *Näh-Set*
- ❑ *Feuerzeug (bei US-Fluggesellschaften mittlerweile an Bord verboten)*
- ❑ *kleines Vorhängeschloss zum Sichern von Schließfächern (z. B. in Hostels) oder zum Verschließen der Reißverschlüsse an Taschen*
- ❑ *Nackenkissen (macht sich gut bei Flügen und langen Bus- oder Zugreisen)*
- ❑ *Erste-Hilfe-Set*
- ❑ *Ohrstöpsel (Ohropax o. Ä.)*
- ❑ *Reiseführer und Karten*
- ❑ *Ersatzbrille bzw. -kontaktlinsen, gute Sonnenbrille*
- ❑ *Kleidung zum Schutz vor Regen und Sonne*
- ❑ *Badeschlappen (sind vor allem für die Benutzung von öffentlichen – leider nicht immer sauberen – Duschräumen äußerst praktisch)*
- ❑ *Sarong (vielseitig einsetzbar als Kleidungsstück, für den Strand, beim Picknick, als Schutz vor Sand oder Moskitos und sogar als Kopfbedeckung)*
- ❑ *einige Passbilder (für Ausweise o. Ä.)*
- ❑ *Fotos von Familie und Freunden (man wird immer mal danach gefragt)*
- ❑ *kleine Geschenke, mit denen man sich bei Fremden bedanken oder bei neuen Freunden beliebt machen kann (z. B. Postkarten, Münzen oder Briefmarken aus der Heimat)*

deren Verlust man gut verschmerzen könnte. Für Geld, Geldkarten und wichtige Dokumente bietet sich ein **Geldgurt** an.

Schlafsack

Wer zu Hause einen guten Schlafsack hat, sollte ihn mitnehmen. Übernachtet man beispielsweise in Hostels und Jugendherbergen, wird zwar in den meisten Bettzeug gestellt (in manchen ist der eigene Schlafsack aus hygienischen Gründen sogar verboten), aber eben nicht in allen. Dann kann zwar in der Regel einer ausgeliehen werden, aber das wird teuer. Außerdem ist es doch angenehmer, im eigenen Schlafsack zu schlafen. Auch wenn man sich spontan bei Freunden einquartiert, eine Campingtour oder eine lange Bus- oder Zugfahrt unternimmt, leistet der Schlafsack gute Dienste.

036lr Abb.: av

Bedenken? Tipps zu häufigen Fragen

Wie lebe ich mich gut ein und lerne Leute kennen?

In den ersten Tagen des Auslandsaufenthaltes sollte man sich Zeit zum „Ankommen" lassen, damit man ein **Gefühl für Land und Leute** bekommt, sich ein bisschen orientieren und Leute kennenlernen kann. Kontakt zu anderen Reisenden findet man leicht, wenn man sich offen verhält. Beispielsweise herrscht in Backpackerunterkünften eine kontaktfreudige Atmosphäre und dort werden oft auch

▼ Erstmal „ankommen" und sich orientieren

045lr Abb.: rb

Freizeitaktivitäten angeboten, bei denen man schnell Bekanntschaften schließen kann.

Schön ist es natürlich auch, wenn man **Einheimische** kennenlernt und so etwas mehr in den Alltag des Landes eintauchen kann. Eine gute Möglichkeit ist, sich bei Privatleuten einzuquartieren (s. Kap. „Homestay“ S. 68 und „Kostenlose Übernachtung“ S. 112) oder sich um einen Sprachaustausch zu bemühen. Fast überall auf der Welt gibt es Leute, die ein bisschen Deutsch lernen bzw. ihre Deutschkenntnisse verbessern wollen und einen dafür in ihre Landessprache einführen können. Neben dem Durchstöbern von Zeitungsanzeigen lohnt der Weg in eines der weltweit vertretenen Goethe-Institute, in denen man Aushänge zwecks Sprachaustausch finden oder selbst anbringen kann (www.goethe.de). Außerdem kann man über ➚Kontaktportale im Internet Einheimische kennenlernen.

Vielleicht möchte man ja auch ein paar **Leute aus der Heimat** treffen. Über ➚Expatriaten- oder Reiseforen findet man sicherlich den einen oder anderen Landsmann, um sich ohne Verständigungsschwierigkeiten zu unterhalten und Tipps zum Einleben auszutauschen.

Reisetagebuch

Auch wenn man es sonst vielleicht nicht macht, das Führen eines Reisetagebuches ist sehr ratsam. So hat man später noch den Überblick über die einzelnen Stationen der Auszeit, kann Fotos und Erlebnisse leichter zuordnen oder einfach nur in seinen Erinnerungen schwelgen.

038lr Abb.: am

Kontakt zu Einheimischen und Expatriaten

- *www.meet-a-local.com*
- *www.meeturplanet.com*
- *www.insideragency.com*
- *http://ixpatriate.de*
- *http://expatgerman.meetup.com*
- *www.germanexpats.com*
- *www.expatexchange.com*
- *http://easyexpat.com/*

Wie kann ich den Aufenthalt preiswert organisieren?

Kostenlose Übernachtung

Gerade die Kosten für Übernachtungen können ein ziemlich großes Loch in die Reisekasse reißen. Hotels, Motels und Pensionen, Campingplätze, Jugendherbergen und Hostels – der Möglichkeiten gibt es viele, umsonst sind sie alle nicht. Deshalb ist es natürlich gut, wenn man die eine oder andere kostenlose Übernachtung organisieren kann. Man sollte sich im Bekanntenkreis umhören, ob vielleicht jemand am Reiseziel Freunde oder Verwandte hat, bei denen man für die ersten Tage unterkommen kann.

Ein Bett oder eine Couch in der Fremde

- *www.hospitalityclub.org*
- *www.couchsurfing.com*
- *www.globalfreeloaders.com*
- *www.womenwelcomewomen.org.uk*

Immer beliebter und salonfähiger wird das kostenlose **Übernachten bei Privatpersonen** in der Fremde. Besonders in den letzten Jahren haben sich einige Organisationen gegründet, die ihren Mitgliedern untereinander Schlafmöglichkeiten vermitteln.

Wohnungstauschbörsen

- *www.hausaustausch.com*
- *www.homelink.de*
- *www.gti-home-exchange.com*
- *www.intervac.com*
- *www.swapeo.com*
- *www.tauschhaus.org*

Eine andere Möglichkeit, ein Quartier im Ausland zu finden, könnte ein Wohnungstausch sein. Auch hier vermitteln zahlreiche Organisationen.

Schon sehr lange gibt es **Servas,** eine internationale Organisation, die Kontakte von Mensch zu Mensch fördert, um die Verständigung und Toleranz zwischen den Völkern zu verbessern. Um Mitglied zu werden, muss man einen schriftlichen Antrag (LOI, Letter of Introduction) stellen und an einem Informationsgespräch teilnehmen. Der nach

▲ *Auch auf dem Flughafen kann man übernachten*

dem Gespräch bestätigte LOI gilt als Ausweis und ist ab Reiseantritt für ein Jahr gültig. Die Gebühr für das Reisen mit Servas beträgt ca. 20 € zuzüglich des Fördermitgliedsbeitrages von ca. 10 €. Man bekommt eine Liste der Gastgeber des Landes, das man bereisen will. In der Regel ist man für zwei Nächte eingeladen. Der kulturelle Austausch, also das persönliche Interesse am Leben der Gastgeber und Gäste, soll im Mittelpunkt stehen. Wer nur eine kostenlose Unterkunft sucht, ist bei Servas an der falschen Adresse.

- *Servas, Thiloweg 7A, 13437 Berlin, Tel. 0700 73782733, www.servas.de (mit Adressen der regionalen Koordinatoren)*

Übernachtung auf dem Flughafen
Wenn alle Stricke reißen, kann man immer noch auf einem (empfohlenen) Flughafen schlafen …

- *www.sleepinginairports.com*

040lr Abb.: ab

▲ *Die Unterkünfte beim Wwoofen sind sehr vielfältig*

Wwoofing

Wwoofing ist eine wunderbare Möglichkeit zu reisen, Geld zu sparen und Einheimische kennenzulernen. Wwoof steht **für World-Wide Opportunities on Organic Farms** (etwa: weltweite Möglichkeiten auf ökologischen Bauernhöfen). Es bedeutet, dass man auf Farmen Unterkunft und Essen gestellt bekommt und dafür einige Stunden am Tag arbeitet. Da es sich nicht um bezahlte Arbeit handelt, braucht man in der Regel auch **kein Arbeitsvisum,** um ein Wwoofer zu werden. Allerdings sollte das mit der nationalen Wwoof-Organisation bzw. der Botschaft des Landes vorher geklärt werden.

Einige Länder haben eigene Wwoof-Organisationen, andere werden von Wwoof Independents vermittelt. Für einen Beitrag von 25 € erhält man von

Wwoof die einjährige Mitgliedschaft (ab dem Tag des Bescheids) und Internetzugang zu den Listen der Wwoof Hosts. Über das Internet kann man auch die monatlichen Updates der Listen einsehen. Möchte man die Host-Liste als gedrucktes Buch, zahlt man 30 €. Die Mitgliedsbeiträge für Länder mit eigener Wwoof-Organisation variieren.

Nicht alle Farmen betreiben tatsächlich Land- oder Viehwirtschaft bzw. arbeiten streng ökologisch. Wenn man bei den Beschreibungen ein bisschen zwischen den Zeilen liest, wird man schnell merken, welcher Gastgeber zu einem passt. Es gibt keinen Vertrag zwischen Wwoofer und Gastgeber und die Absprachen erfolgen im gegenseitigen Einvernehmen. Man muss sich immer bewusst machen, dass die Gastgeber bereit sind, wildfremde Leute bei sich aufzunehmen und sollte sich dementsprechend respektvoll verhalten. In den meisten Fällen wird man ganz selbstverständlich in den **Familien- und Farmalltag** integriert und kann viel über die Lebensweise der Menschen herausfinden. Im Durchschnitt werden vier bis sechs Stunden Mitarbeit am Tag erwartet. Die Mithilfe im Haushalt sollte selbstverständlich sein. Einige Farmen geben gewünschte Minimum- oder Maximumaufenthalte an.

- *www.wwoof.org*

Help Exchange

Eine ähnliche Möglichkeit, für Kost und Logis zu arbeiten, bietet die Internetplattform Help Exchange. Nach kostenloser Anmeldung kann man sich die Einträge der Hosts ansehen, die im Austausch für Essen und Unterkunft fleißige Hände suchen.

- *www.helpx.net*

Schnäppchen

Nach dem Motto: „Wer viel fragt, bekommt auch viel Rabatt“ sollte man sich immer nach Ermäßigungen erkundigen. Wer zum Beispiel einen Ausweis von Hostelling International – der Internationalen

Jugendherbergsorganisation – hat, erhält manchmal bei Eintrittsgeldern, bei großen Bus- und Zuggesellschaften, vielen Reiseveranstaltern, Autovermietungen, in einigen Geschäften für Outdoor-Ausrüstung und -Kleidung, Kinos, Museen, Ausstellungen, Cafés u.v.m. Preisnachlass.

Auch mit einer **Mitgliedskarte des ADAC** kann man Geld sparen. Etliche Automobilclubs bieten für die Mitglieder der Partnerclubs Sonderangebote und Ermäßigungen. Kartenmaterial gibt es zum Teil sogar kostenlos.

Schnäppchen im Internet
- *www.lastminute.com*

Günstig Autofahren kann man bei **Autovermietungen** mit einem *relocation/driveaway car*. Wer den Wagen für den Vermieter an eine andere Vermietstation zurückfährt, muss nur einen geringen Teil des normalen Mietpreises zahlen.

041lr Abb.: ab

▲ *Mit einem „relocation car" kann man Geld sparen*

Man sollte immer nach **Happy-Hour-Angeboten** (beispielsweise in Pubs oder Internetcafés) Ausschau halten. In einigen Bibliotheken hat man sogar gratis Zugang zum **Internet** (meist mit vorheriger Anmeldung und Zeitbeschränkung).

Stempelkarten sind mittlerweile ziemlich weit verbreitet. Für einige Male Internetnutzung oder Kaffeetrinken sammelt man Stempel. Ist die Karte dann voll, darf man umsonst surfen bzw. bekommt einen Kaffee gratis.

Und wer unbedingt mal wieder zum **Friseur** muss, verlässt als Haarmodell nicht nur schöner, sondern vielleicht sogar ohne oder nur mit geringer Bezahlung den Haarsalon.

Wie finde ich Arbeit?

Wie im Kapitel „Arbeiten" (s. S. 47) bereits erwähnt, ist das Arbeiten nicht in jedem Land problemlos möglich. Oft benötigt man ein Arbeitsvisum und ohne ein solches sollte man auch auf keinen Fall jobben.

▲ *Als Erntehelfer kann man relativ leicht einen Job finden- hier bei der Olivenernte*

Bewerbung

Ansonsten läuft der Bewerbungsprozess ähnlich wie auch zu Hause ab. Neben Jobagenturen, dem Stellenanzeiger in der lokalen Zeitung und Internetjobbörsen sollte man bei der Arbeitssuche auch auf private oder berufliche Kontakte zurückgreifen. Wichtig ist, Augen und Ohren offen zu halten, **Stellenanzeigen** zu studieren, auch einfach nach freien Stellen zu fragen und sich flexibel zu zeigen. Man sollte einen schlüssigen Lebenslauf in Englisch oder der Landessprache parat haben, ein aussagekräftiges Anschreiben verfassen und beim Vorstellungsgespräch einen guten Eindruck hinterlassen. Übrigens ist es in vielen Ländern nicht üblich, dem Bewerbungsschreiben ein Passbild beizufügen.

Einige **Kopien von Zeugnissen,** Referenzen und Lebenslauf sollte man immer bereithalten. Nützlich ist auch die elektronische Speicherung der Daten, da Adressänderungen oder Zusätze notwendig werden können. Entweder auf USB-Stick oder im Internet, da nur in wenigen Internetcafés eigene Datenträger verwendet werden dürfen. Man kann sich den Lebenslauf einfach selbst per E-Mail schicken. So hat man ihn für Online-Bewerbungen gleich parat.

Mögliche Arbeitsfelder

In einigen Arbeitsbereichen ist es relativ leicht, einen (meist saisonalen) Job zu finden:

- **Tourismus:** Gerade in der Hochsaison sind touristische Zentren auf zusätzliche Pauschalkräfte für den Servicebereich angewiesen. Wer über gute Sprachkenntnisse verfügt, hat beste Chancen z. B. als Animateur, Reiseleiter oder -begleiter zu arbeiten (Infos z. B. unter www.europeanhotelacademy.de, www.animateure.info). Auch auf Jachten und Kreuzfahrtschiffen wird Personal gesucht.

▲ *Kellnern kann auch richtig Spaß machen*

- **Gastgewerbe:** Jobs in Cafés, Kneipen und Restaurants sind meist relativ leicht zu finden. Einfach nach Aushängen in den Lokalitäten schauen oder mutig nachfragen.
- **Erntearbeit:** Je nachdem, wo man gerade herumreist und ob dort Erntesaison ist, kann man sich auch nach einem Job als Erntehelfer umsehen (Infos z. B. unter www.pickingjobs.com)
- **Unterrichten:** Leute mit besonderen Fähigkeiten oder Kenntnissen und dem Talent, diese an andere zu vermitteln, können sich als Lehrer versuchen. Sei es beispielsweise im sportlichen Bereich als Ski- und Surflehrer oder auch als Yoga- oder Musiklehrer. Zu den lukrativen Nebenjobs gehört in einigen Ländern der private **Sprachunterricht.** In Japan und Südkorea werden dafür zum Teil sehr hohe Stundenlöhne gezahlt. Auch wenn mitunter Deutschlehrer gesucht werden, sind Englischlehrer natürlich gefragter. Teilweise ist das Unterrichten ohne entsprechende Ausbildung und Qualifizierung möglich, doch mit einer ordentlichen

Ausbildung hat man logischerweise bessere Chancen auf einen Job. TEFL (Teachers of English as a Foreign Language) ist das in Europa etablierteste System zum Unterrichten für Englisch als Fremdsprache. Einige Schulen bieten speziell modifizierte Kurse für nicht-muttersprachliche Lehrer an, die den Standards für weltweites Unterrichten genügen (Informationen z.B. unter www.cambridge-exams.de, www.cambridgeefl.org). Ohne ein entsprechendes Zertifikat zu unterrichten, ist am ehesten an privaten Schule in Asien möglich. Einige Volunteering-Organisationen können Lehrerjobs in Asien und Afrika für Leute ohne Praxiserfahrung vermitteln (s. Kap. „Volunteering" S. 58).

Reporter

Wer sich für mindestens sechs Monate an einem Ort im Ausland aufhält, kann sich als Trendreporter bei Ears and Eyes registrieren und sich somit einen kleinen Nebenjob sichern.

- *www.trendflow.com*

Eine weitere Möglichkeit wäre, für Zeitungen, Zeitschriften oder Online-Portale Reiseberichte zu verfassen. Dafür sollte man aber etwas journalistische Erfahrung oder zumindest Talent vorweisen können.

▼ *In Asien werden immer Englischlehrer gesucht*

Jobideen

- *Wenn man in Hostels nach Arbeit fragt, kann man evtl. putzen, Wäsche waschen oder Gäste begrüßen – nicht immer für Lohn, aber zumindest für freie Unterkunft.*
- *Wer gut kochen kann, verköstigt andere Reisende gegen einen kleinen Obolus.*
- *Künstlerische oder musikalische Talente kann man als Straßenkünstler ausleben.*
- *Bei großen Veranstaltungen wie Sportmeisterschaften, Musikfestivals oder Ausstellungen werden oft Aushilfen gesucht.*
- *Kann man gut Haare schneiden, bietet man seine Dienste anderen Reisenden an.*
- *Im Handel werden zu geschäftigen Zeiten wie der Weihnachtszeit oder den Schlussverkäufen zusätzliche Mitarbeiter gesucht.*
- *In der Hochsaison brauchen Autovermieter mehr Personal, um den Fuhrpark zu reinigen und bereitzustellen.*

044lr Abb.: av

▶ *Wenn man fleißig übt, kann man auch als Straßenmusiker sein Geld verdienen*

Oft klappt es auch ohne Worte

Werde ich mich in der Fremdsprache ausreichend verständigen können?

Verständigung

Natürlich wird man nicht die Sprache jedes Landes, das man bereist, fließend beherrschen. Aber man sollte doch versuchen, einige Floskeln der Begrüßung und „Bitte" und „Danke" sagen zu können. Das ist einfach eine Frage der Höflichkeit und wird beim Gegenüber/Gesprächspartner auf jeden Fall positiv ankommen.

Freundlichkeit ist sowieso d i e Sprache überhaupt und ein Lächeln hat schon oft weitergeholfen, auch wenn die verbale Verständigung nicht richtig klappt. Sollten die eigenen Fremdsprachenversuche beim Gegenüber total fehlschlagen, so spricht man ihn einfach auf Deutsch an, wie man auch mit einem eigenen Landsmann reden würde. Viele Menschen können aus dem Tonfall und der Körpersprache etliches herauslesen und verstehen dann vielleicht mehr, als man glaubt.

Wer seine Sprachkenntnisse in einer Sprachschule vor Ort verbessern möchte, findet dazu weitere Informationen im Kapitel „Sprache lernen“ (s. S. 69).

Kauderwelsch

Der Reise Know-How Verlag veröffentlicht in seiner „Kauderwelsch“-Reihe Sprechführer zu über 100 Sprachen, die einen einfachen Einstieg in die Grammatik bieten, sinnvolle und praxisbezogene Beispielsätze mit einer Wort-für-Wort-Übersetzung, ca. 1000 Wörter Grundwortschatz und viele Verhaltenstipps – die oft wichtiger sind als eine perfekte Sprachbeherrschung.

Die wichtigsten Sprachen

Wird eine Sprache von Menschen in vielen Ländern, auf mehreren Kontinenten und in mehreren Kulturkreisen verstanden, kann sie als **Weltsprache** bezeichnet werden. Dies setzt nicht nur eine große Zahl an Muttersprachlern, sondern auch an Fremd- oder Zweitsprachlern voraus. Ein weiteres Kriterium für eine Weltsprache ist u. a. eine Sprecherzahl (Erst- und Zweitsprachler) von mehr als 100 Millionen Menschen.

Englisch ist die bedeutendste Weltsprache. Als weitere Weltsprachen werden heute gemeinhin angesehen: Spanisch, Französisch, Portugiesisch, Russisch, Arabisch und Deutsch.

- **Englisch** ist die am weitesten verbreitete Sprache der Welt, die in vielen Reiseländern gesprochen wird und sich schon lange zur internationalen Verständigungssprache entwickelt hat. Auf Flughäfen und Bahnhöfen gibt es oft englischsprachige Beschilderung und Durchsagen. Auch Speisekarten werden oft ins Englische übersetzt und in guten Hotels findet sich immer jemand, der des Englischen mächtig ist.

- **Spanisch** spricht man u. a. in allen lateinamerikanischen Staaten mit Ausnahme von Brasilien – wo Spanisch aber oft auch verstanden wird. Dafür kommt man in Lateinamerika normalerweise mit Englisch nicht sehr weit.
- **Französisch** spricht man nicht nur in Frankreich, Belgien, Kanada, der Schweiz und Luxemburg, sondern es wird auch in den ehemaligen französischen Kolonien (z. B. in vielen Ländern Afrikas) verstanden.
- **Portugiesisch** wird außer in Portugal und Brasilien auch in den ehemaligen portugiesischen Kolonien in Afrika und Asien (z. B. in Angola, Mosambik, Kap Verde und Macao) gesprochen.
- **Russisch** spricht man nicht nur in Russland, sondern es wird natürlich auch in den Mitgliedsstaaten der GUS und den baltischen Staaten verstanden.
- **Arabisch** wird von der Atlantikküste Nordafrikas bis zum Vorderen Orient in verschiedenen Dialekten gesprochen. Es ist z. B. Amtssprache in Ägypten, Jordanien, Marokko und Saudi-Arabien. In neuester Zeit gewinnt Hocharabisch wieder an Bedeutung.

„Spickzettel" auf dem Handy

Mit den Produkten der Firma handyglobal kann man sein Handy in einen mobilen Sprachführer verwandeln. Einfach eines der zahlreichen Sprachprogramme mit Vokabeln, Redewendungen, Aussprachehelfer und Vokabeltrainer in der gewünschten Sprache auf das Handy laden und schon ist man im Ausland nicht mehr sprachlos.

- *www.handyglobal.de*

046lr Abb.: kw

Wie halte ich Kontakt zur Heimat?

Wenn man nach der Auszeit wieder in der alten Firma arbeiten will, sollte man sich natürlich bezüglich der Ereignisse im Unternehmen halbwegs auf dem Laufenden halten. Wie oft und auf welche Art und Weise man während der Auszeit **Kontakt zu Chef und Kollegen** aufnimmt, hängt hauptsächlich von den vorherigen Absprachen ab. Vielleicht publiziert die Firma einen Newsletter für Mitarbeiter, den man sich per E-Mail zuschicken lassen kann, oder man bittet einen vertrauten Kollegen, wichtige Infos weiterzuleiten.

Man sollte dafür sorgen, dass man im **Notfall** irgendwie erreichbar ist. Und das natürlich vor allem für die Familie und die Kontaktperson. Die freuen sich auch über regelmäßige Infos, was man während der Auszeit so treibt. In Kontakt zu bleiben, ist bei den technischen Möglichkeiten heutzutage überhaupt kein Problem.

047lr Abb.: av

Internet

Selbst in entlegenen Orten findet man mittlerweile ↗Internetcafés. Besonders auf Bahnhöfen und Flughäfen ergibt sich oft Gelegenheit zu einer schnellen E-Mail. Nicht zu vergessen sind die öffentlichen Bibliotheken. In einigen kann man sogar **kostenlos surfen.** Natürlich muss man bei öffentlichen Internetzugängen immer besonders auf den Datenschutz achten. Daher niemals einer Passwortspeicherung zustimmen und am Ende der Internetsitzung manuell den Cache (Verlaufsspeicher) des Browsers (je nach Browser über Extras oder Einstellungen) löschen.

Verzeichnisse internationaler Internetcafés

- *www.cybercafe.com*
- *www.world66.com/netcafeguide*
- *www.worldofinternetcafes.de*

Bookmarks (Lesezeichen) speichern

- *www.oneview.de*
- *www.mister-wong.de*

Eine E-Mail-Adresse bei einem Internetprovider werden sicherlich die meisten haben. Wer bisher noch nicht über ein eigenes E-Mail-Postfach verfügt, sollte sich angesichts der Reise unbedingt eines anlegen. Man kann darauf von jedem beliebigen Computer mit Internetanschluss zugreifen. Bei Anbietern wie beispielsweise web.de, gmx.de oder Google Mail bekommt man es sogar kostenlos. Einen Überblick und auch einen Test der wichtigsten **Free-Mail-Anbieter** findet man unter:

- *www.testberichte.de*

Außer zum Abrufen und Versenden von E-Mails kann das eigene E-Mail-Konto auch als kostenloser **Dokumentenspeicher** fungieren, wenn man eine E-Mail mit einem Dokument als Anhang an die eigene E-Mail-Adresse schickt. Das gilt für alle digitalisierbaren Dokumente von persönlichen Unterlagen bis zu Fotos oder gar Videos. Da bei kostenlosen E-Mail-Konten Speicherplatz und -dauer meist begrenzt sind, kann man bei einigen Anbietern gegen eine monatliche Gebühr einen erweiterten Service nutzen.

Dokumente speichern

- *www.my-files.de*
- *www.freenet.de*
- *www.gmx.de*

Internetseiten, Blogs und Online-Fotoalben

Wer Freunde und Verwandte mit Informationen per Internet auf dem Laufenden halten will, kann sich ein Blog (beispielsweise unter www.blogger.com, www.travelpod.com oder www.wordpress.com) oder auch eine werbeunterstützte, aber kostenlose Website (zum Beispiel unter www.tripod.de, www.meine-erste-homepage.com/webspace_gratis.php) basteln bzw. seine Digitalfotos online stellen (z. B. bei www.flickr.com, www.ringo.com und www.shutterfly.com).

Telefonieren in die Heimat muss nicht teuer sein

Telefonieren

Mit sogenannten *prepaid, calling* oder *international phonecards* ist ein Anruf nach Hause recht preiswert. Es gibt etliche Anbieter solcher Karten mit Tarifen, die man vergleichen muss. Zuerst wählt man sich ins Telefonnetz ein und gibt dann die PIN der Karte ein. Die **Telefonkarten** gibt es meist in Zeitungsläden. Oft verfügen sie auch über einen integrierten Anrufbeantworter *(voicemail)*.

Viele Internetcafés bieten mittlerweile auch die Möglichkeit, über das Internet zu telefonieren.

Preiswert ins Ausland telefonieren

Für die Daheimgebliebenen und für Anrufe während der Reisevorbereitung: Anbieter günstiger Vorwahlen findet man unter www.billiger-telefonieren.de.

Wer sein **Handy** von zu Hause mitbringt, hat mehrere Möglichkeiten. Die teuerste ist, es weiter über den heimischen Anbieter laufen zu lassen. Zu den Gebühren des Funknetzes im Reiseland kommt dann noch der satte Auslandsaufschlag des eigenen Netzbetreibers. Und auch wenn man angerufen wird, muss man zuzahlen.

Eine gute Alternative sind ↗**Prepaid-Karten,** die man gegen die deutsche SIM-Karte austauscht. Wenn man schon Prepaid-Karten nutzt, ist darauf zu achten, dass das Handy keine SIM-Lock-Sperre hat. Informationen und Freischaltcodes bekommt man, zumt Teil nur gegen Gebühr, beim Mobilfunkanbieter. Erhältlich sind Prepaid-Karten u. a. in Zeitungsläden. Bei einem längeren Aufenthalt kann sich vor Ort der Abschluss eines normalen Kartenvertrages mit günstigeren Tarifen lohnen.

Prepaid-Karten
Informationen zu und Verkauf von ausländischen Handy-Prepaid-Karten unter:
- *www.globilo.de*

049lr Abb.: rb

Postempfang

Auch wenn man auf Reisen ist, kann man Post aus der Heimat empfangen, und zwar, indem man sie sich **postlagernd** an das Hauptpostamt des jeweiligen Ortes zusenden lässt. Die Anschrift für postlagernde Sendungen sollte so aussehen:

Eigener Vor- und NACHNAME
(den Familiennamen großschreiben, damit es nicht zu Verwechslungen mit dem Vornamen kommt)
Poste restante
General Post Office/Main Post Office (in USA und Kanada)/Central de Correos (spanisch)/Bureau de Poste Central (französisch)
Stadt/Postleitzahl/Bundesland
Land

Die **Postleitzahl** kann man in einem Postamt erfragen, aber u. a. auch in Reiseführern nachlesen. Auf dem Postamt kann die Sendung gegen Vorlage eines Ausweises abgeholt werden.

Briefe/Päckchen werden einen Monat aufgehoben und dann an den Absender zurückgeschickt.

Was tue ich im Notfall?

Auf der **Website des Auswärtigen Amtes** findet man unter dem Stichwort „Hilfe in Notfällen" zahlreiche nützliche Informationen: Was kann man bei einem Notfall im Ausland tun? Wie schützt man sich während der Reise? Wie kann man sich schon im Vorfeld gut vorbereiten? Es gibt Hinweise zu Themen wie Geldüberweisungen ins Ausland, weltweite ADAC-Notrufstationen und Ambulanz-Flugdienste als PDF-Dokumente zum Herunterladen. Hier steht auch, was eine Auslandsvertretung im

050lr Abb.: px

Notfall tun kann und darf bzw. was sie nicht leistet. Grundsätzlich stehen die Auslandsvertretungen nur für echte Notfälle zur Verfügung, wenn alle eigenen Möglichkeiten ausgeschöpft sind.

- *www.auswaertiges-amt.de ➟ Reise und Sicherheit*

Informationsquelle Reiseführer

In einem guten Reiseführer für Individualreisende sollte man immer auch Hinweise, Ansprechpartner und Kontaktadressen für verschiedene Arten von Notfällen finden. Eventuell notiert man sich diese Angaben noch separat – falls man den Reiseführer mal nicht dabei hat.

Das Auswärtige Amt hat eine **zentrale Rufnummer** für in Not geratene Deutsche in aller Welt eingerichtet, die rund um die Uhr besetzt ist. Spricht der Anrufer das Wort „Notfall" aus, wird er sofort automatisch mit einem Mitarbeiter des Bürgerservice, außerhalb der Dienstzeit mit einem Beamten vom Dienst im Krisenreaktionszentrum des Auswärtigen Amtes verbunden.

- *Notrufnummer: +49 3050002000*

Sollte man **Opfer einer Straftat** werden, ist die lokale Polizeibehörde einzuschalten. Um beispielsweise bei einem Diebstahl von der Versicherung Schadensersatz fordern zu können, braucht man ein offizielles Polizeiprotokoll. Wird der Pass gestohlen, wendet man sich nach der Meldung bei der Polizei an die nächste deutsche Auslandsvertretung (Botschaft oder Konsulat).

◀ *Bei kriminellen Vorkommnissen ist unbedingt die örtliche Polizei zu verständigen*

051lr Abb.: ab

Rückkehr und Wiedereinstieg

Vor der Rückreise

Wenn der Rückreisetermin näher rückt, sollte man damit beginnen, **sich mental auf die Heimkehr vorzubereiten.** Am besten intensiviert man jetzt den Kontakt zu Familie und Freunden ein bisschen, damit man über alle wichtigen Neuigkeiten informiert ist und keine bösen Überraschungen erlebt, wenn man nach Hause kommt. Wer in seine alte Firma zurückkehren will, sollte sich jetzt auch wieder verstärkt bei Chef und Kollegen melden, um die Lage zu peilen und einen glatten Wiedereinstieg in den Job vorzubereiten.

Den Tag der Rückkehr wählt man am besten nicht zu kurz vor dem Arbeitsantritt, schließlich sind nach der langen Auszeit etliche Dinge zu organisieren. Die letzten Tage im Ausland verbringt man am besten entspannt, packt sie nicht zu voll und nutzt sie zur Reflexion.

053lr Abb.: ab

Gut ist es auch, wenn man sich schon ein paar konkrete Gedanken macht, was einen nach der Ankunft daheim erwartet und was alles zu erledigen ist. Die ersten Tage und Wochen werden wahrscheinlich nicht leicht und da ist es gut, wenn man bereits einen groben Plan hat.

Man sollte sich vor Augen führen, dass die Rückkehr in die eigentlich vertraute Umgebung ebenfalls eine Umstellung darstellen kann und vielleicht sogar zu einem „umgekehrten Kulturschock" führt.

Wieder daheim

Es ist völlig normal, wenn man am Ende der Reise wehmütig wird und sich nach der Heimkehr anfangs etwas traurig und irgendwie fehl am Platze fühlt. Schließlich muss man sich von einer sehr schönen Phase seines Lebens lösen und sich zu Hause einem **neuen Lebensabschnitt** mit neuen Herausforderungen stellen.

Vielleicht hat sich im alten Lebensumfeld viel geändert und man fühlt sich erst einmal etwas **fremd** und muss mit den neuen Gegebenheiten zurechtkommen. Vielleicht stellt man aber auch fest, dass alles beim Alten geblieben ist – außer man selbst –, und das ist genauso gewöhnungsbedürftig. Vor allem, wenn man einige Zeit in ärmeren Ländern gereist ist bzw. gelebt hat, wird sich die eigene Lebenseinstellung und das persönliche Konsumverhalten sicherlich etwas gewandelt haben und der Überfluss zu Hause befremdet dann vielleicht. Aber all das zeigt auch, dass man sich weiterentwickelt hat und die Auszeit somit nicht umsonst war. Und man kann jetzt anders weiterleben als vor der Abreise!

Vor allem sollte man froh und dankbar sein, dass man den Auslandsaufenthalt erleben und sich ei-

Erinnerungen bewahren und teilen

Man sollte Acht geben, dass die schönen Erinnerungen an die Auszeit nicht zu schnell verblassen. Wäre es nicht schön, wenn man positive Errungenschaften des Sabbaticals und die erlebte Freiheit mit nach Hause nehmen könnte? Vielleicht ist es ja möglich, an einigen neuen Gewohnheiten festzuhalten. Mancher hat während der Auszeit gesünder gelebt, auf das Fernsehen verzichtet oder mehr Sport getrieben. Warum also nicht solche Sachen beibehalten? Sehr lohnenswert ist es auch, seine neu erworbenen Fremdsprachenkenntnisse weiter zu pflegen. Dabei hilft, Bücher in der Fremdsprache zu lesen, Filme in der Originalversion zu schauen oder auch Sprachkurse oder Stammtische zu besuchen. Besonders schön ist es, wenn der Kontakt zu den Einheimischen, die man während des Auslandsaufenthalts kennengelernt hat, nicht abreißt. Wenn man es schafft, mit seinen Reisebekanntschaften in Verbindung zu bleiben, kann man gemeinsam Reiseerinnerungen wach halten und sich dabei helfen, über die erste Zeit daheim gut hinwegzukommen. Jetzt ist auch die beste Zeit, die Fotos zu ordnen, vielleicht eine Website zu gestalten oder einen Diavortrag für Freunde vorzubereiten.

052lr Abb.: hb

◄ Wer posierte für dieses Foto? Am besten alles im Fotoalbum festhalten

nen Traum verwirklichen konnte. Die gemachten Erfahrungen und Erlebnisse, die entstandenen Freundschaften und die gewonnene Motivation können einem genug Energie und positive Gedanken für einen erfolgreichen Neustart in der Heimat geben.

Rückmeldungen

Auch wenn einem in den ersten Tagen nach der Rückkehr der Sinn mit Sicherheit nicht nach Bürokratie steht, muss man unbedingt dafür sorgen, sich so schnell wie möglich wieder in das **heimatliche soziale Netz** einzugliedern. Für die Amtsgänge und

Wichtige Schritte

- ❑ ***Krankenkasse:*** *Unbedingt um den Krankenversicherungsschutz kümmern (s. Kap. „Kranken- und Pflegeversicherung" S. 29).*
- ❑ ***Einwohnermeldeamt:*** *Je nachdem, für welche Variante man sich entschieden hat, ist evtl. eine Anmeldung oder Ummeldung bei der Behörde erforderlich (s. Kap. „Einwohnermeldeamt" S. 84).*
- ❑ ***Agentur für Arbeit:*** *Wer sich nach der Rückkehr auf Jobsuche begeben muss und evtl. auch noch Ansprüche auf Arbeitslosengeld hat, sollte sich umgehend bei der Agentur für Arbeit melden (s. Kap. „Arbeitslos melden" S. 27).*
- ❑ ***Finanzamt:*** *Sind noch Einkommenssteuererklärungen abzugeben, sollte man das jetzt möglichst schnell erledigen (s. Kap. „Steuern" S. 95).*
- ❑ ***Sonstiges:*** *Wohnungssuche, Telefonanschluss wieder bzw. neu anmelden, Auto wieder anmelden, bei der GEZ wieder anmelden (s. Kap. „Ab- und Ummeldungen" S. 82).*

wichtigen Erledigungen, das Sichten von Post und E-Mails usw. sollte man mindestens ein bis zwei Wochen einplanen.

Nicht zu vergessen sind natürlich auch Familie und Freunde, die den Heimkehrer willkommen heißen und die berühmt-berüchtigte Frage „Na, wie war's?“ stellen möchten. Vielleicht kann man ja eine kleine Wiedersehensparty organisieren – so hat man die wichtigsten Leute alle zusammen und kann vielleicht auch gleich ein paar Reisefotos zeigen.

Zurück in die alte Firma oder Jobsuche?

Wie es nach der Rückkehr jobmäßig weitergeht, hängt natürlich auch davon ab, welche Absprachen vor der Reise getroffen wurden. Wer eine bezahlte Auszeit mit seiner Firma vereinbart hat, kann sich das leidige Thema Jobsuche ersparen. Doch auch wenn man an seinen alten Arbeitsplatz zurückkehrt, muss man einiges beachten und sich ordentlich vorbereiten. Nicht schaden kann es, nach der Auszeit noch einmal in sich hineinzuhorchen und zu überprüfen, ob man noch dieselben Ansprüche und Wünsche an seine Karriere, seine Arbeitsstelle, die Arbeitszeit usw. hat wie vor der Abreise.

Neuen Job suchen

Wer unterwegs noch nicht damit angefangen hat, muss jetzt diverse Jobdatenbanken (s. dazu auch Kapitel „Arbeiten“ S. 47) und Tageszeitungen nach passenden **Stellenanzeigen** durchforsten, die Bewerbungsunterlagen aktualisieren und sich auf Bewerbungsgespräche vorbereiten. Will man sich schon von unterwegs um einen neuen Job kümmern, kann man den Lebenslauf usw. auf einer In-

ternetseite präsentieren, sich in den Jobdatenbanken registrieren und die Bewerbungsunterlagen online speichern, sodass man sie auch auf Reisen parat hat.

Nach einem längeren Auslandsaufenthalt kann in einem **Vorstellungsgespräch** schon mal die Frage fallen, ob man sich (noch) in der Lage fühlt, Vollzeit zu arbeiten. Oder ob man in Gedanken schon die nächste Auszeit plant. Auf solche Fangfragen muss man gut vorbereitet sein: Sprachkenntnisse, Auslands- und Lebenserfahrung, Motivation, „aufgetankte Batterien" und neue Fähigkeiten sind nur einige Pluspunkte, mit denen man für sich werben kann.

Deshalb sollte man die Auszeit auch auf keinen Fall im Lebenslauf verstecken, sondern positiv und offensiv damit umgehen. Schließlich erhält das Unternehmen einen Mitarbeiter, der bei der Vorbereitung und Durchführung seiner Auszeit Flexibilität, Anpassungsfähigkeit und Risikobereitschaft bewiesen hat. Wenn man unterwegs vielleicht sogar noch freiwillig gearbeitet hat, kann man deutlich machen, dass der Auslandsaufenthalt kein fauler Urlaub war und man das Arbeiten nicht verlernt hat.

Wenn es nicht gleich mit einer festen Stelle klappt – und darauf sollte man sich gedanklich einstellen –, kann man sich an eine **Zeitarbeitsfirma** wenden. Diese bieten recht gute Einstiegs- bzw. Rückkehrmöglichkeiten in den Arbeitsmarkt. Man kann die Gelegenheit nutzen, in verschiedene Branchen hineinzuschnuppern und mit etwas Glück wird aus einem Zeitvertrag eine Festanstellung.

Vielleicht lenken einen die Erfahrungen der Auszeit aber auch in eine ganz andere Richtung und man möchte beruflich vollkommen neue Wege beschreiten. Das kann der Schritt in die freiberufliche Arbeit sein, die Gründung einer eigenen Firma oder die Umschulung in einen anderen Job.

Kontakte sind alles!

Bei aller eventuell vorhandenen Bescheidenheit: Ohne Vitamin B geht es heutzutage kaum. Daher sollte man ruhig im Bekannten- und Verwandtenkreis erzählen, dass man auf Jobsuche ist. Vielleicht hat jemand von einer Stellenausschreibung gehört oder kann einen weiterempfehlen. Auch wenn man gekündigt hat, kann man in der alten Firma nachfragen, ob evtl. eine Schwangerschaftsvertretung gesucht wird oder man als Freiberufler Aufträge übernehmen kann.

Alten Job wiederaufnehmen

Je nachdem, was mit der Firma vor der Auszeit vereinbart wurde, kann man entweder an seinen vorherigen Arbeitsplatz zurückkehren oder wird zumindest eine etwa gleichwertige andere Stelle angeboten bekommen. Wenn man sich während der Auszeit neue Fähigkeiten angeeignet bzw. neue Interessen entwickelt hat, die einen mit einem neuen Arbeitsbereich liebäugeln lassen, sollte man sich frühzeitig über interne Stellenausschreibungen informieren und den Kontakt mit dem Vorgesetzten suchen.

Aber selbst wenn man wieder seinen alten Arbeitsplatz besetzt, muss man auf **Veränderungen** vorbereitet sein. Vielleicht gibt es in der Abteilung einen neuen Chef oder Arbeitsabläufe und Verantwortlichkeiten haben sich geändert oder es wurden technische Neuerungen eingeführt. Aus diesen Gründen ist es wichtig, den Kontakt zur Firma während des Auslandsaufenthalts nicht ganz abreißen zu lassen, damit man sich über Veränderungen im Unternehmen auf dem Laufenden halten kann.

Man muss damit rechnen, dass der Empfang im alten Team nach der Auszeit nicht unbedingt überschwänglich ausfällt, daher sollte man nicht den großen Abenteurer und Helden geben. Schließlich hat es die letzten Monate im Büro gut ohne einen geklappt und die Kollegen sind vielleicht auch ein bisschen neidisch auf die schöne und aufregende Zeit, die man hatte. Können sie auch!

056lr Abb.: ab

Anhang

Internettipps

- **www.dzg.com**
  Die 1974 gegründete Deutsche Zentrale für Globetrotter e.V. ist die älteste Globetrottervereinigung Deutschlands und bezeichnet sich selbst als größten Zusammenschluss leidenschaftlich Reisender auf ideeller Basis in Europa. Die Website bietet ihren Mitgliedern – in begrenztem Umfang aber auch Nicht-Mitgliedern – zahlreiche Infoquellen und ein Forum. Zum Thema „Aussteigen auf Zeit: Wie plane ich eine Weltreise?" führt der Link www.dzg.com/reiseplanung.
- **www.ratgeberaussteigen.de**
  Gabi und Christian Hajek sind zwei Globetrotter, die sich für das Aussteigen entschieden haben. Mit ihrem kleinen Online-Ratgeber geben sie u. a. Tipps zur Planung und Finanzierung und machen Mut für die große, aber auch für die kleine Auszeit.
- **www.wege-ins-ausland.de**
  Vorrangig für junge Leute bietet diese Website, die vom Bundesministerium für Familie, Senioren, Frauen und Jugend gefördert wird, Infor-

057lr Abb.: ab

mationen zu Themen wie Praktikum, Studium, Freiwilligendienst oder Job im Ausland, mit Veranstaltungskalender.

- **www.rausvonzuhaus.de**
  Die Website des deutschen Eurodesk-Teams informiert über die Möglichkeiten von internationalen Begegnungen und Auslandsaufenthalten für junge Leute, bietet zahlreiche Länderinfos und ein Forum.
- **www.deutsche-kultur-international.de**
  Auf diesem Webportal findet man nicht nur Informationen zur deutschen Sprache und Literatur im In- und Ausland, sondern auch Links zu zahlreichen Organisationen und Tipps zur Aus- und Fortbildung im Ausland.
- **www.bund.de**
  Das vom Bundesverwaltungsamt betriebene Portal bündelt das Informations- und Dienstleistungsangebot der öffentlichen Verwaltung in Deutschland, damit man schnell und unkompliziert Zugang zu Informationen, Kontaktadressen und Formularen erhält.

Literaturtipps

- Susanne Gry Troll: **die auslandsreise. Arbeiten, Studieren und Lernen im Ausland,** Verlag Susanne Troll, Rangsdorf, www.dieauslandsreise.de. Das nützliche, jährlich aktualisierte Nachschlagewerk listet verschiedene Möglichkeiten auf, einen Auslandsaufenthalt durchzuführen. Es beinhaltet dazu über 400 Adressen von Organisationen mit Erläuterungen zu den Programmen und Ansprechpartnern. Der Verlag bietet auch einen Prospektverteiler an – man kann sich Informationsbroschüren von im Buch genannten Organisationen gebündelt zuschicken lassen.

- Susan Griffith: **Gap Years for Grown Ups,** Vacation Work Publications, 2006. Gespickt mit zahlreichen Ideen, Adressen, Links und Erfahrungsberichten ist der Titel ein hilfreicher Ratgeber für Erwachsene, die eine Auszeit vom Job planen. Das englischsprachige Buch richtet sich vorrangig an Leser in Großbritannien, viele Tipps sind aber allgemeingültig.
- Anke Richter: **Aussteigen auf Zeit. Das Sabbatical-Handbuch,** vgs, 2002. Eines der ersten deutschsprachigen Bücher zum Thema Auszeit und mittlerweile ein Klassiker, liefert es viele Informationen und Erlebnisberichte, die Mut zum Ausstieg machen.
- Robyn Davidson: **Spuren,** Rowohlt, 2002. Ein autobiografischer Roman über eine Frau, die ihren Traum lebt und mit wilden Kamelen das australische Outback durchquert.

Kauderwelsch!

Die **Sprachführer der Reihe Kauderwelsch** helfen dem Reisenden, wirklich zu sprechen und die Menschen zu verstehen.
Wie wird das gemacht?

- Die **Grammatik** wird in einfacher Sprache so weit erklärt, dass es möglich wird, ohne viel Paukerei mit dem Sprechen zu beginnen, wenn auch nicht gerade druckreif.
- Alle Beispielsätze werden doppelt ins Deutsche übertragen: zum einen **Wort-für-Wort,** zum anderen in „ordentliches" Hochdeutsch. So wird das fremde Sprachsystem sehr gut durchschaubar. Ohne eine Wort-für-Wort-Übersetzung ist es so gut wie unmöglich, einzelne Wörter in einem Satz auszutauschen.
- Die **Autorinnen und Autoren** der Reihe sind Globetrotter, die die Sprache im Lande gelernt haben. Sie wissen daher genau, wie und was die Leute auf der Straße sprechen. Deren Ausdrucksweise ist häufig viel einfacher und direkter als z.B. die Sprache der Literatur. Außer der Sprache vermitteln die Autoren Verhaltenstipps und erklären Besonderheiten des Reiselandes.
- Jeder Band hat 96 bis 160 Seiten. Zu jedem Titel ist **Tonmaterial** (Kassette oder CD-ROM) erhältlich.
- **Kauderwelsch-Sprachführer gibt es für über 100 Sprachen in mehr als 200 Bänden!**

Praxis-Ratgeber
kompakt & kompetent

Outdoor-Praxis
- *Dschungelwandern*
- *GPS Outdoor-Navigation*
- *Orientierung mit Kompass und GPS*
- *Richtig Kartenlesen*
- *Sicherheit in Bärengebieten*
- *Trekking Handbuch*
- *Die schönsten Trekking-Routen – Nord- und Südamerika*
- *Die schönsten Trekking-Routen – Asien, Afrika, Neuseeland*
- *Vulkane besteigen und erkunden*
- *Wildnis-Ausrüstung*
- *Wildnis-Backpacking*
- *Wildnis-Küche*
- *Winterwandern*

Reise-Praxis
- *All inclusive?*
- *Als Frau allein unterwegs*
- *Ayurveda erleben in Indien und Sri Lanka*
- *Clever buchen – besser fliegen*
- *Clever kuren im nahen Ausland*
- *Drogen in Reiseländern*
- *Fernreisen auf eigene Faust*
- *Fliegen ohne Angst*
- *Gesundheitsurlaub in Deutschlands Thermalbädern*
- *Handbuch für Tropenreisen*
- *Japan: Reisen, Jobben, Sprache Lernen*
- *Neuseeland: Reisen und Jobben*
- *Respektvoll reisen*
- *Schutz vor Gewalt und Kriminalität unterwegs*
- *Schwanger reisen*
- *Selbstdiagnose und -behandlung unterwegs*
- *Shopping Guide USA*
- *Sprachen lernen im Ausland*
- *Tango tanzen in Buenos Aires*
- *Unterkunft und Mietwagen clever buchen*
- *Verreisen mit Hund*
- *Volunteering – freiwillig helfen*
- *Wann wohin reisen?*

Fremde Kulturen
- *Daoismus erleben*
- *Hinduismus erleben*
- *Islam erleben*
- *Konfuzianismus erleben*
- *Maya-Kultur erleben*
- *Spaniens attraktivste Fiestas*

Natur und Reise
- *Australiens Outback und Bush entdecken*
- *Essbare Früchte Asiens*
- *Geologische Erscheinungen entdecken und verstehen*
- *Safari-Handbuch Afrika*
- *Survival-Handbuch Naturkatastrophen*
- *Was kriecht und krabbelt in den Tropen?*

Sport und Fun
- *Canyoning Handbuch*
- *Fun & Sport in Eis & Schnee*
- *Handbuch Paragliding*
- *Höhlen erkunden*
- *Inline Skating*
- *Kanu-Handbuch*
- *Küstensegeln*
- *Mushing – Hundeschlittenfahren*
- *Pferdetrekking*
- *Sicherheit im und auf dem Meer*
- *Tauchen in kalten Gewässern*
- *Tauchen in warmen Gewässern*
- *Wracktauchen weltweit*

Fahrzeug und Technik auf Reisen

- *Bordbuch Südeuropa für Panne, Unfall und Verkehr*
- *Clever reisen mit dem Wohnmobil*
- *Fernreisen mit dem eigenen Fahrzeug*
- *GPS-Navigation für Auto, Motorrad, Wohnmobil*
- *Handbuch Wohnmobil-Ausrüstung*
- *Internet für die Reise*
- *Kommunikation von unterwegs*
- *Reisefotografie*
- *Reisefotografie digital*
- *Wüstenfahren*

Routen und Regionen

- *Inline Skaten am Bodensee*
- *Mit dem Auto durch Südamerika*
- *Mit dem Wohnmobil nach Indien und Nepal*
- *Transsib – von Moskau nach Peking*
- *Wein-Reiseführer Deutschland*
- *Wein-Reiseführer Italien*
- *Wein-Reiseführer Toskana*

Sportiv im Urlaub

- *Algarve aktiv*
- *Andalusien aktiv*
- *Dalmatien aktiv*
- *Französische Atlantikküste aktiv*
- *Gardasee aktiv*
- *Gran Canaria aktiv*
- *Istrien aktiv mit Kvarner Bucht*
- *Katalonien aktiv*
- *Marokko aktiv*
- *Polen aktiv*
- *Slowenien aktiv*

Jeder Titel: 144–160 S., reich illustriert, robuste Bindung, Taschenformat, Register, Griffmarken

REISE KNOW-HOW Verlag, Bielefeld

Anhang

Die Reiseführer auf einen Blick

Reisehandbücher
Urlaubshandbücher
Reisesachbücher
Edition RKH, Praxis

Afrika, Durch, 2 Bde.
Agadir, Marrakesch, Südmarokko
Ägypten individuell
Ägypten/Niltal
Alaska ⇗ Kanada
Algerische Sahara
Argentinien, Uruguay, Paraguay
Äthiopien
Australien – Auswandern
Australien, Osten und Zentrum
Australien, Westen und Zentrum

Baikal, See u. Region
Bali und Lombok
Bali, die Trauminsel
Bangkok
Botswana
Brasilien
Brasilien kompakt

Cabo Verde
Chicago
Chile, Osterinsel
China Manual
Chinas Osten
Costa Rica
Cuba

Djerba & Zarzis
Dominikanische Republik
Dubai, Emirat

Ecuador, Galápagos
El Hierro
Erste Hilfe unterwegs

Fahrrad-Weltführer
Florida
Fuerteventura

Gomera
Gran Canaria
Guatemala

Havanna
Hawaii
Honduras
Hongkong, Macau, Kanton

Indien, der Norden
Indien, der Süden
Iran

Japan
Jemen
Jordanien

Kalifornien und USA Südwesten
Kalifornien, Süden und Zentrum
Kambodscha
Kamerun
Kanada, USA
Kanadas Maritime Provinzen
Kanadas Osten, USA Nordosten
Kanadas Westen, Alaska
Kapstadt – Garden Route (Südafrika)
Kapverdische Inseln
Kenia
Kenia kompakt
Kerala (Indien)
Krügerpark – Kapstadt (Südafrika)

Ladakh, Zanskar
Lanzarote
La Palma
Laos
Lateinamerika BikeBuch
Libyen

Malaysia, Singapur, Brunei
Marokko
Mauritius, La Réunion
Mexiko
Mexiko kompakt
Mongolei
Motorradreisen
Myanmar

Namibia
Namibia kompakt
Neuseeland BikeBuch
New Orleans
New York City
New York im Film

Oman
Outdoor-Praxis

Panama
Peru, Bolivien
Peru kompakt
Phuket (Thailand)

Qatar
Queensland (Australien)

Rajasthan (Indien)

San Francisco
Senegal, Gambia
Singapur
Sri Lanka
St. Lucia, St. Vincent, Grenada
Südafrika
Südafrika: Kapstadt – Garden Route
Südafrika: Krügerpark – Kapstadt

Reise Know-How

Sydney, Naturparks
Syrien

Taiwan
Tansania, Sansibar
Teneriffa
Thailand
Thailand – Tauch- und Strandführer
Thailands Süden
Tokyo, Kyoto, Yokohama
Transsib
Trinidad und Tobago
Tunesien
Türkei, Hotelführer
Türkei: Mittelmeerküste

Uganda, Ruanda
USA, als Gastschüler
USA, Kanada
USA, Canada BikeBuch
USA Nordosten, Kanada Osten
USA, der große Süden
USA Südwesten, Kalif., Baja California
USA, Südwesten, Natur u. Wandern
USA, der ganze Westen

Venezuela
Vereinigte Arabische Emirate
Vietnam

Westafrika – Sahel
Westafrika – Küste
Wo es keinen Arzt gibt

Yucatán, Chiapas (Mexiko)

PANORAMA

Australien
Cuba
Rajasthans Palasthotels
Südafrika
Thailands Bergvölker und Seenomaden
Tibet
Vietnam

Edition RKH

Abenteuer Anden
Auf Heiligen Spuren
Durchgedreht – Sieben Jahre im Sattel
Inder, Leben und Riten
Mona und Lisa
Myanmar – Land der Pagoden
Please wait to be seated
Rad ab!
Salzkarawane
Südwärts durch Lateinamerika
Suerte – 8 Monate durch Südamerika
Taiga Tour
USA – Unlimited Mileage

Praxis

Aktiv Marokko
All inclusive?
Australien: Outback/Bush
Australien: Reisen/Jobben
Auto durch Südamerika
Ayurveda erleben
Buddhismus erleben
Canyoning
Clever buchen/fliegen
Daoismus erleben
Drogen in Reiseländern
Dschungelwandern
Expeditionsmobil
Fernreisen auf eigene Faust
Fernreisen, Fahrzeug
Fliegen ohne Angst
Frau allein unterwegs
Früchte Asiens
Fun u. Sport im Schnee
Geolog. Erscheinungen
GPS f. Auto, Motorrad
GPS Outdoor-Navigation
Handy global
Hinduismus erleben
Höhlen erkunden
Hund, Verreisen mit
Indien und Nepal, Wohnmobil
Internet für die Reise
Islam erleben
Japan: Reisen und Jobben
Kanu-Handbuch
Kartenlesen
Kommunikation unterwegs
Konfuzianismus erleben
Kreuzfahrt-Handbuch
Küstensegeln
Langzeitreisen
Maya-Kultur erleben
Mountainbiking
Mushing/Hundeschlitten
Neuseeland: Reisen und Jobben
Orientierung mit Kompass und GPS
Panamericana
Paragliding-Handbuch
Pferdetrekking
Radreisen
Reisefotografie
Reisefotografie digital
Reisekochbuch
Reiserecht
Respektvoll reisen

Praxis, KulturSchock

Mit Reise Know-How ans Ziel

Die Landkarten des world mapping project bieten gute Orientierung – weltweit.

- Moderne Kartengrafik mit Höhenlinien, Höhenangaben und farbigen Höhenschichten
- GPS-Tauglichkeit durch eingezeichnete Längen- und Breitengrade und ab Maßstab 1 : 300.000 zusätzlich durch UTM-Markierungen
- Einheitlich klassifiziertes Straßennetz mit Entfernungsangaben
- Wichtige Sehenswürdigkeiten, herausragende Orientierungspunkte und Badestrände werden durch einprägsame Symbole dargestellt.
- Der ausführliche Ortsindex ermöglicht das schnelle Finden des Ziels.
- Wasser- und reißfestes Material
- Kein störender Pappumschlag, der den behindern würde, der die Karte unterwegs individuell falzen möchte oder sie einfach nur griffbereit in die Jackentasche stecken will

Derzeit rund 160 Titel lieferbar (siehe unter www.reise-know-how.de), z. B.:

Mexiko	**1 : 2,25 Mio.**
Südafrika	**1 : 1,7 Mio.**
Australien	**1 : 4,5 Mio**

world mapping project
Reise Know-How Verlag, Bielefeld

KulturSchock

Diese Reihe vermittelt dem Besucher einer fremden Kultur wichtiges Hintergrundwissen. **Themen** wie Alltagsleben, Tradition, richtiges Verhalten, Religion, Tabus, das Verhältnis von Frau und Mann, Stadt und Land werden praxisnah behandelt. Der **Zweck** der Bücher ist, den Kulturschock weitgehend abzumildern oder ihm gänzlich vorzubeugen, damit die Begegnung unterschiedlicher Kulturen zu beidseitiger Bereicherung führt und nicht Vorurteile verfestigt.

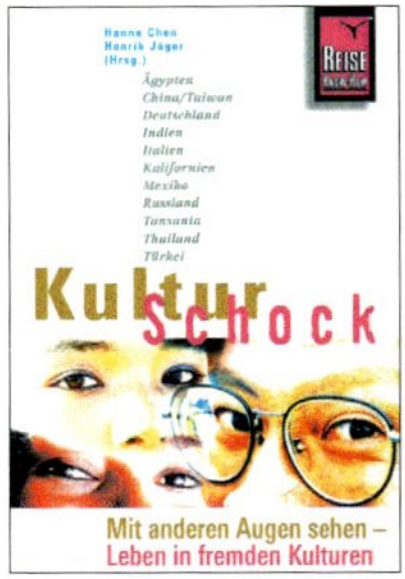

Bisher sind folgende Titel erschienen:

- **KulturSchock – Ägypten, Argentinien, Australien, Brasilien, China mit Taiwan, Cuba, Ecuador, Finnland, Frankreich, Golfemirate/Oman, Indien, Iran, Japan, Jemen, Kambodscha, Kaukasus, Laos, Marokko, Mexiko, Pakistan, Peru, Polen, Rumänien, Russland, Spanien, Thailand, Thailands Bergstämme und Seenomaden, Türkei, Ukraine, Ungarn, USA, Vietnam**
- **KulturSchock – Leben in fremden Kulturen**
- **KulturSchock – Familienmanagement im Ausland**

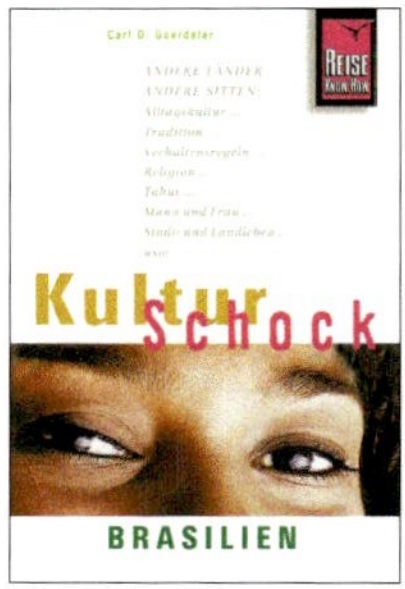

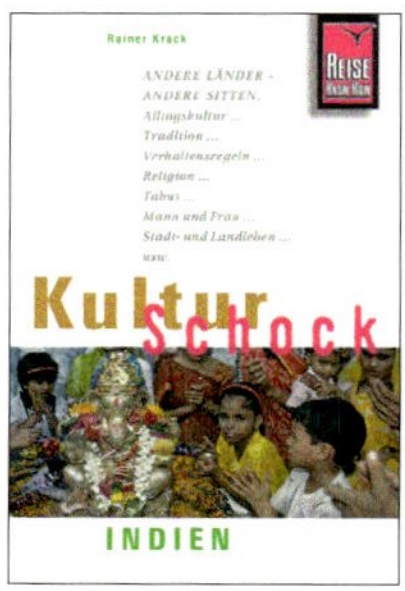

Jeder Titel ca. 200–300 Seiten, durchgehend illustriert, Register

REISE KNOW-HOW Verlag, Bielefeld

Register

A

B

C

D

Anhang

E

F

G

H

I

J

Z

Bildnachweis

Die Kürzel an den Abbildungen stehen für folgende Personen, Firmen und Einrichtungen. Wir bedanken uns für ihre freundliche Abdruckgenehmigung.

Titelbild = *fotolia.com*
aa = *Alexandra Albert*
ab = *Andrea Buchspieß (Autorin)*
am = *Anna Medvedev*
av = *André de Vries*
ba = *Bundesagentur für Arbeit*
fotolia.com = *Fotolia*
hb = *Heike Becker*
i-to-i.com = *i-to-i*
jk = *Johanna Kommer*
kw = *Klaus Werner*
np = *Nicole Petermann*
nr = *Norbert Romahn*
px = *www.pixelquelle.de*
rb = *Robert Baum*

058lr Abb.:ab

Die Autorin

Andrea Buchspieß, geboren 1974 in Leipzig, zieht es oft in die weite Welt. Sei es, um zu reisen, zu studieren, zu jobben oder Freunde zu besuchen. Nachdem sie ihren Job in einer Online-Buchhandlung wegen akutem Fernweh gekündigt hatte, verbrachte sie eine einjährige Auszeit in Australien. Mit einem Working-Holiday-Visum entdeckte sie Land und Leute und jobbte, um den Aufenthalt zu finanzieren. Nach ihrer Rückkehr erlebte sie zwar eine berufliche Durststrecke, konnte ihre Reiseerfahrungen aber letztendlich sehr gut nutzen, um ihr liebstes Hobby zum Beruf zu machen: Sie arbeitet mittlerweile in der Reisebuchbranche und hat ihren Ausstieg auf Zeit keine Sekunde bereut.

Durch das Interesse an ihren bereits im Reise Know-How Verlag erschienenen Büchern „Australien – Reisen und Jobben" und „Neuseeland – Reisen und Jobben" (mit Co-Autorin Johanna Kommer) entstand – überzeugt vom Informationsbedarf zu den Themen Sabbatical und Auslandsaufenthalt – die Idee zu diesem Buch.